LORENZO DE SANTIS

E-COMMERCE DA ZERO A CENTO

Metodi per Creare da Zero un Sito Web per il Tuo Business Online

Titolo

"E-COMMERCE DA ZERO A CENTO"

Autore

Lorenzo De Santis

Editore

Bruno Editore

Sito internet

www.BrunoEditore.it

Sommario

Introduzione

Ti do il benvenuto in *E-Commerce da Zero a Cento*! Questo ebook nasce dall'unione delle mie passioni di scrittore e formatore su *Nuove Opportunità di Business Online*. Tutti i contenuti che troverai sono frutto di mie svariate esperienze, effettuate personalmente su siti di mia proprietà. Il materiale a tua disposizione è vasto e ricco di pratica, non voglio essere presuntuoso, ma è certo che chiunque, anche da zero, potrebbe con questa conoscenza creare un sito di commercio elettronico funzionale e remunerativo!

Cosa vuol dire creare un sito o un e-commerce da zero? Semplicemente vuol dire che non importa tu abbia delle conoscenze di programmazione, di design o di marketing e non importa se questo è il tuo primo approccio per saperne di più sul commercio elettronico. In qualsiasi caso al termine di tutte le lezioni potrai avere il tuo sito web e potrai creare, eventualmente, una piattaforma e-commerce! Nel web ci sono svariate guide, spesso care, che ti promettono di insegnarti a fare qualcosa; non intendo criticare colleghi scrittori e formatori (fortunatamente i prodotti della Bruno Editore sono eccellenti!), ma il prodotto finale che si ottiene qual è??

Vedo in giro un sacco di materiale poco pratico, alla fine questo non supporta veramente il consumatore, che a volte spende soldi a vuoto e alla fine è scoraggiato e non compra più niente. Tornando a noi, voglio "scoraggiarti" per poi esaltarti! Hai idea di cos'è necessario per creare un sito di commercio elettronico!? Hai idea di quanto si fanno pagare le Web Agency per crearne uno!? Hai idea di quanta conoscenza di programmazione e design c'è bisogno? Forse dopo due anni di intenso studio e due anni di intensa pratica una persona che inizia da ZERO potrebbe farcela!!

Io ci ho messo cinque anni ed è stato un percorso molto duro, ma visto che a me piace aiutare chiunque mi sono detto: «No!» Ho deciso di creare un percorso semplice in modo che chiunque possa, con un po' di conoscenza, tenacia e pratica riuscire ad avere un sito e-commerce! C'è un'enorme differenza tra un sito semplice di soli contenuti e un sito che dovrà contenere cataloghi di prodotti, suddivisioni di sezioni, carrello di vendita ecc.

Bisogna conoscere codici di programmazione per farlo!

Questo ebook è diviso in due parti: nella prima ti descriverò come agire in pratica per creare il tuo sito; nella seconda ti aiuterò invece a far sì che il tuo sito possa essere conosciuto nel Web.

Ora passo velocemente a spiegarti la risorsa principale che useremo per creare il nostro sito e-commerce, il tutto risparmiando una miriade di tempo, denaro e fatica. Sai cos'è un CMS? Nel caso tu non lo sappia, CMS sta per *Content Mangement System* che nella nostra lingua vuol dire *Sistema di Gestione dei Contenuti*. Possiamo identificare un CMS con un software che consente di gestire la pubblicazione e l'aggiornamento di un sito web con estrema facilità, anche da parte di chi non è un esperto informatico. La risorsa numero uno che useremo è il CMS *Joomla!*, non preoccuparti se lo scrivo con un punto esclamativo (!) finale ogni volta, ma il suo nome è proprio questo: Joomla!.

Gli aspetti importanti sui quali porre l'accento sono: Joomla! è Open Source, cioè il software è libero e gratuito, inoltre è supportato da una community mondiale di volontari che giornalmente crea migliorie e soluzioni innovative! Joomla! con il tempo è diventato uno strumento di utilizzo per siti di ogni tipo, dal sito della Porsche a quelli di volontariato, società calcistiche, siti di grandi aziende e naturalmente siti e-commerce di ogni genere!

È semplice da comprendere, al termine di questo corso non solo potrai creare un sito di e-commerce, ma sarai in grado di creare e gestire portali, community e centinaia di contenuti in maniera semplice e veloce!

È vero che con Joomla! riuscirai a fare davvero molto, probabilmente risparmierai anni di formazione e studio, ma è da sottolineare il fattore che **i risultati** li puoi ottenere con costanza e tenacia, anche nel nostro caso dovrai seguire le lezioni con determinazione, spesso sbaglierai e spesso dovrai ricominciare da capo, non voglio scoraggiarti ma nulla ti è dovuto senza le tue **azioni** e senza la tua **determinazione!**

Inoltre, per un approfondimento su alcune risorse citate e informazioni aggiornate, rimando al blog del mio sito:

http://www.lorenzodesantis.net/blog/category/joomla/

Sei pronto a iniziare?

START!

I PARTE

Costruisci il tuo sito WEB.

Lezioni

LEZIONE 1:

Le potenzialità di questo sistema

Cerchiamo di capire meglio cosa possiamo fare con un CMS e quali sono le caratteristiche più importanti.

AZIONE n. 1: comprendi cos'è un CMS e a cosa può servirti.

Innanzitutto, cos'è un CMS?

- Un software utile a gestire molte risorse e contenuti informativi in maniera dinamica, ad esempio rubriche, articoli, chat, notizie ecc. Un Content Management System permette di gestire e aggiornare il flusso delle informazioni in maniera rapida e precisa.

Che caratteristiche ha un buon CMS?

- Gestione del sito direttamente online tramite browser.
- Utenti gestiti in ruoli specifici.
- Archiviazione dei contenuti testuali e grafici tramite

database separato.

- Gestione di Mailing list e messaggistica d'ogni tipo.

- Semplice e veloce applicazione di ulteriori risorse e applicazioni.

- Classificazione dei link di notizie, articoli, immagini ecc.

- Funzione di motore di ricerca interno molto sofisticato.

- Grafica completamente personalizzabile in pochi secondi.

Con un CMS chiunque può, anche non conoscendo l'HTML o il PHP, gestire centinaia di risorse di un sito web, senza aver conoscenze tipiche di un Webmaster!

AZIONE n. 2: inizia a prendere familiarità con Joomla!.

Il CMS che useremo noi è Joomla!. Joomla! è il risultato di una divisione di volontari avvenuta nel 2005 del gruppo Mambo, Mambo è un altro CMS di valore attualmente ancora disponibile. Questa scissione del gruppo Mambo avvenne a causa di discordanze d'idee tra i vari sviluppatori, alcuni di essi decisero di sviluppare un nuovo progetto che dal 2005 si chiama per l'appunto Joomla! Come già accennato Joomla! è un software gratuito, questo non vuol dire che non riuscirai a fare molto, anzi, esso è limitato alla fantasia di chi lo utilizza. **Joomla! è potente e semplice**, il fatto che sia gratuito non crea nessun tipo di limitazione, **probabilmente è MOLTO più completo alcuni CMS** che pagheresti migliaia di euro!

Joomla! viene utilizzato per creare:

- siti di commercio elettronico;
- portali di comunità online;
- siti commerciali d'ogni tipo;
- siti per uso personale;
- siti promozionali;
- … e tutto ciò che può concepire la fantasia.

Giusto per rendere l'idea che con Joomla! puoi fare di tutto, puoi guardare alcuni siti presenti online:

- http://www.mapc.co.nz (sito e-commerce);
- http://www.i5sensi.com (sito e-commerce);
- http://porsche.com.br (sito della Porsche);
- http://www.foppapedretti.it (sito della Foppapedretti);
- http://www.berlusconi.it (sito su curiosità di Berlusconi);

- http://www.sampdoria.it/ (sito della Sampdoria);
- http://www.francescorenga.it (sito di Renga).

Oggi Joomla! è uno dei migliori strumenti da utilizzare per creare siti web di ogni tipo, sfruttarlo per la creazione e la gestione di siti e-commerce renderà il lavoro semplice, economico e veloce!

È facile osservare che questi siti non presentano nessuna caratteristica comune, la grafica è differente e la struttura di ognuno di essi li rende unici e inimitabili. Non far troppo caso alla grafica spinta e alle funzioni avanzate di questi siti, il percorso di questo corso ti porterà a conoscere tutte le risorse necessarie a renderti capace di creare grafica, contenuti e struttura di ogni tipo!

LEZIONE 2:

I primi strumenti da utilizzare

Joomla! è scritto su linguaggio PHP. Esso è un linguaggio molto potente, ma ha bisogno di essere supportato da alcuni strumenti. Il PHP non funziona da solo è ha bisogno di un *"server"*, infatti è un linguaggio *lato server*. Oggi tutti i server lavorano con il PHP, però per evitare problemi è meglio usare server in ambiente Linux.

AZIONE n. 3: predisponiti all'acquisizione dei primi strumenti per avviare il tuo sito.

Gli strumenti principali per iniziare a far girare Joomla! sono:

- nome del dominio;
- server con sistema operativo Linux;
- database Mysql (per memorizzare i contenuti);
- spazio web di almeno 100 MB (per iniziare).

Dovrai ora scegliere che tipo di hosting utilizzare, chiaramente il dominio e il database sono le uniche spese che dovrai affrontare, al massimo spenderai 50 euro all'anno.

AZIONE n. 4: scegli il nome del tuo sito, verifica che sia libero e acquistalo.

Su Aruba.it trovi un buon servizio economico; per iniziare, ti basta andare in home page e scrivere il dominio che desideri per verificare la disponibilità, se è libero prosegui.

AZIONE n. 5: scegli, SEMPRE, un hosting Linux per Joomla! o CMS simili.

Proseguendo ti ritrovi a scegliere i servizi che dovranno affiancare il dominio, dovrai scegliere sempre l'Hosting Linux e il database MySql che è venduto separatamente.

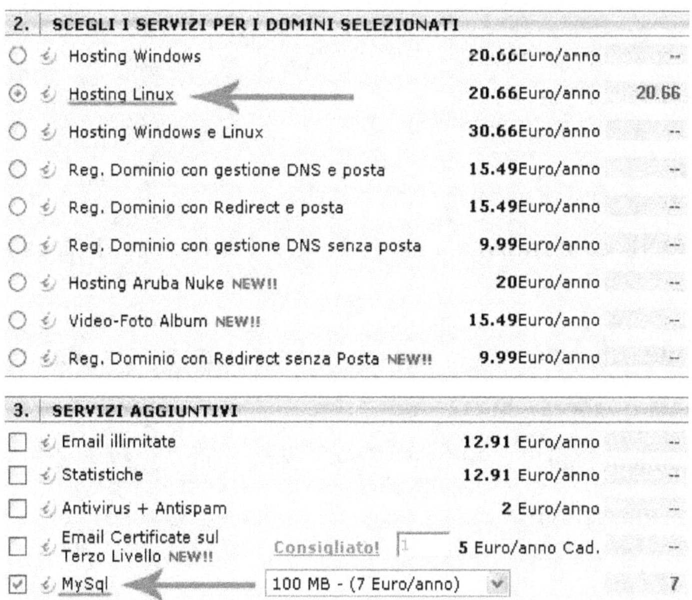

Ti consiglio di **aggiungere anche il Backup dello Spazio Web** in modo da tutelarti da eventuali sbagli o attacchi al server. In totale la cifra da versare è di soli 35,59 euro in un anno! In realtà potresti anche usare domini e risorse free, ma non sono molto affidabili e Joomla! necessita di particolari attenzioni.

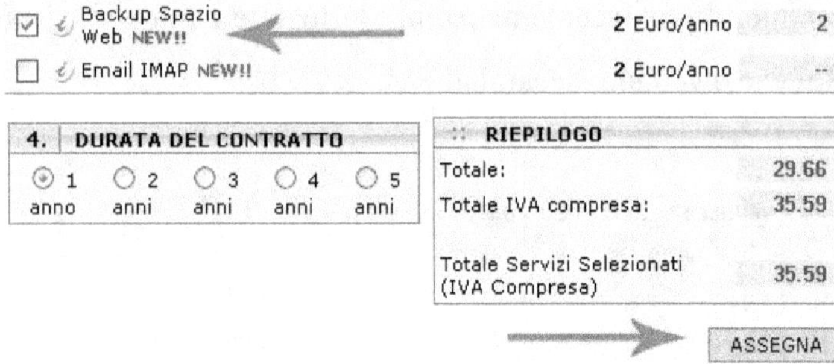

AZIONE n. 6: impara a usare Joomla! sul tuo pc, in locale.

Per ottenere subito il tuo sito creato con Joomla! devi acquistare il pacchetto sopra citato, ma in realtà puoi usare il software direttamente sul tuo pc in modo da poter visionare e creare il tuo sito in anteprima.

Quando sarà pronto potrai inviarlo sul Web, al mondo! C'è, infatti, la possibilità di utilizzarlo per fare pratica sul pc per poi inviarlo online. Le due possibilità di lavoro vengono chiamate *"locale"* e *"remoto"*; in locale lavoriamo sul nostro pc, in remoto lavoriamo direttamente online.

Con Joomla! puoi lavorare sul tuo sito direttamente sul pc di casa; in questo modo lo puoi visualizzare solo tu. In qualsiasi momento puoi trasferire tutto su un dominio web. Joomla! non può funzionare senza server; per usarlo in locale è necessario installarlo al fine di poter far girare Joomla! Uno dei più diffusi è il **server Apache con MySql.** ATTENZIONE: le installazioni di Joomla rimangono identiche in locale e in remoto; lavorando in locale è possibile gestire e controllare il sito solo sul tuo pc e in un secondo momento è possibile mandare i file online per far visualizzare il sito a chiunque tramite il dominio comprato.

Installiamo un server locale

Per installare tale applicazione non c'è bisogno di particolari conoscenze, infatti, una volta scaricato il file basta avviarlo come un semplice programma.

AZIONE n. 7: trova il giusto file del database.

Vai a quest'indirizzo è trova il file che va bene in base al sistema operativo che stai usando: Windows, Linux, Mac.

http://www.apachefriends.org/it/xampp.html

XAMPP per Linux

La distribuzione per i sistemi Linux (testata su SuSE, RedHat, Mandrake e Debian) contiene: Apache, MySQL, PHP & PEAR, Perl, ProFTPD, phpMyAdmin, OpenSSL, GD, Freetype2, libjpeg, libpng, gdbm, zlib, expat, Sablotron, libxml, Ming, Webalizer, pdf class, ncurses, mod_perl, FreeTDS, gettext, mcrypt, mhash, eAccelerator, SQLite e IMAP C-Client.

XAMPP per Windows

La distribuzione per Windows 98, NT, 2000, XP e Vista. Questa versione contiene: Apache, MySQL, PHP + PEAR, Perl, mod_php, mod_perl, mod_ssl, OpenSSL, phpMyAdmin, Webalizer, Mercury Mail Transport System per Win32 e NetWare Systems v3.32, JpGraph, FileZilla FTP Server, mcrypt, eAccelerator, SQLite, e WEB-DAV + mod_auth_mysql.

XAMPP per Mac OS X

La distribuzione per Mac OS X contiene: Apache, MySQL, PHP & PEAR, SQLite, Perl, ProFTPD, phpMyAdmin, OpenSSL, GD, Freetype2, libjpeg, libpng, zlib, Ming, Webalizer, mod_perl, eAccelerator, phpSQLiteAdmin.

AZIONE n. 8: scarica i file del database in base al tuo sistema.

Io ho scelto in questo caso Windows, il prossimo passo è scaricare il file Installer sul tuo pc.

XAMPP per Windows 1.6.6a, February 22th 2008		
Versione	Dimensioni	Contenuto
XAMPP Windows 1.6.6a [Basic package]		Apache HTTPD 2.2.8, MySQL 5.0.51a, PHP 5.2.5 + 4.4.8 Switch, Openssl 0.9.8g, phpMyAdmin 2.11.4, XAMPP Cor Webalizer 2.01-10, Mercury Mail Transport System für W NetWare Systems v4.52, FileZilla FTP Server 0.9.25, SQL ADODB 4.96, Zend Optimizer 3.3.0, XAMPP Security. Per 2000, XP. Vedi anche README
Installer	34 MB	Installer
		Checksum MD5: 22f3640c638b8413526fc5d8e0cced26
ZIP	78 MB	Archivio ZIP
		Checksum MD5: ad53bdaa071f59c0debb8e37c0536fa7
EXE (7-zip)	29 MB	Archivio 7-ZIP autoestraente
		Checksum MD5: 2d2f55a5fde043b15a3f5faf75cf7f2c

AZIONE n. 9: cerca l'icona Xampp e avvia il programma.

Al termine dell'installazione, che avviene come tutti i comuni software, cerchiamo l'icona sul desktop; oppure, nella directory dei programmi, cerchiamo la cartella *xampp* e **clicchiamo sull'icona di nome** *xampp_start.*

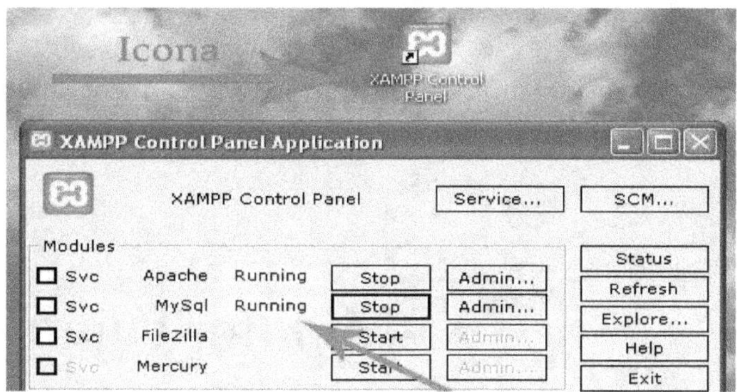

AZIONE n. 10: imposta le funzioni di Xampp per il funzionamento su Running.

Dopo l'avvio del programma apparirà il pannello di controllo, **le voci Apache e MySql devono essere su Running,** inizialmente sono spente, dovrai cliccare sul pulsante Start (nella figura essendo già avviate il pulsante è visibile in Stop). Seguendo questi passaggi, otteniamo sul nostro pc un server locale, in questa maniera possiamo lavorare al nostro sito web (e visualizzarlo) solo ed esclusivamente noi!

AZIONE n. 11: verifica che il server funzioni digitando http://localhost.

Possiamo verificare se il server funziona regolarmente digitando l'indirizzo http://localhost, in assenza di errori appare tale schermata:

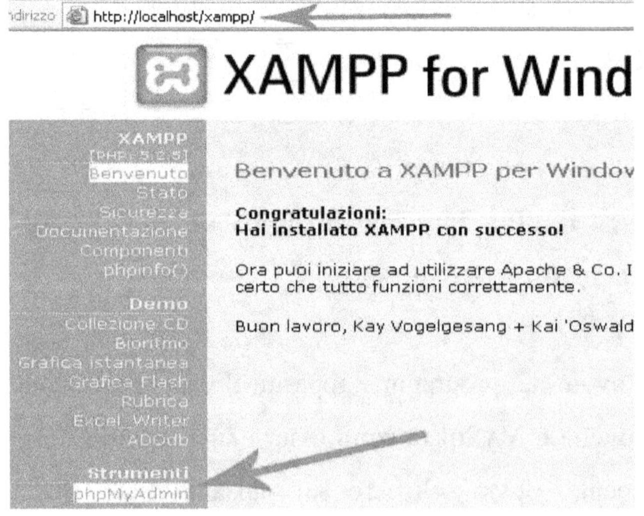

In tale schermata sono disponibili vari link, **per ora a noi interessa accedere al link *phpMyAdmin per gestire i database.*** In questo passaggio **è necessario creare un nuovo database con un nome amministratore e password.**

Il nome che ho dato a questo database è ***autoricambistore*** perché il sito che userò per farti degli esempi è un sito di commercio elettronico sui ricambi auto che creerò durante questo corso.

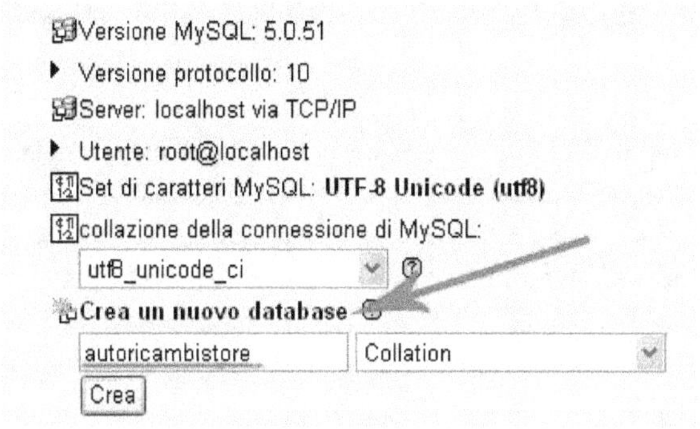

AZIONE n. 12: imposta i privilegi d'accesso al database.

Dopo aver dato il nome al database è indispensabile impostare i privilegi d'accesso con una password personale.

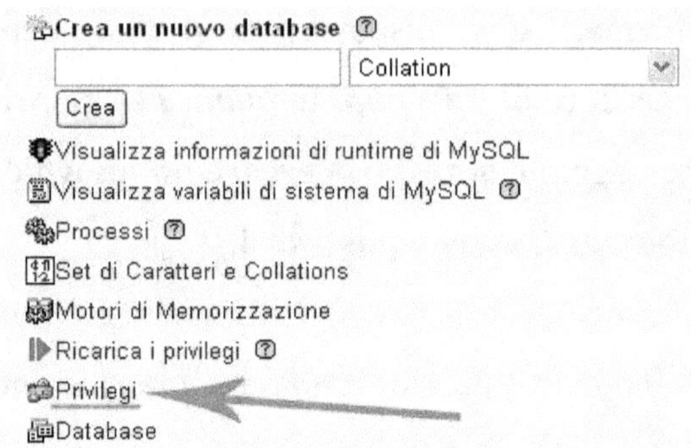

Ritorniamo all'indirizzo locale per la creazione del database http://localhost/phpmyadmin/, questa volta clicchiamo su *Privilegi*.

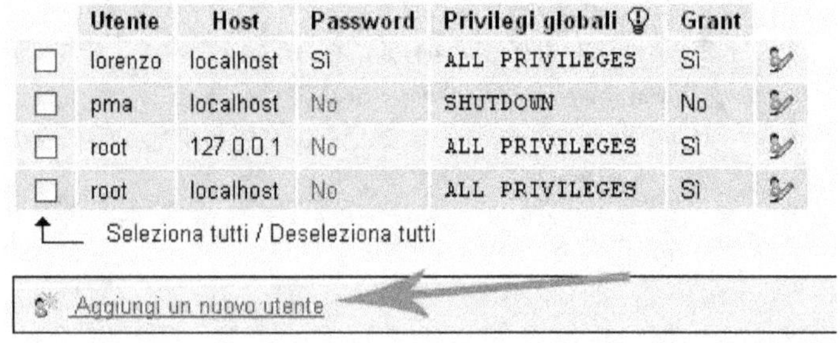

Nell'aggiunta del nuovo utente scriviamo il nome e la password che useremo per l'accesso, inoltre **clicchiamo su Seleziona tutti per impostare tutti i privilegi globali.**

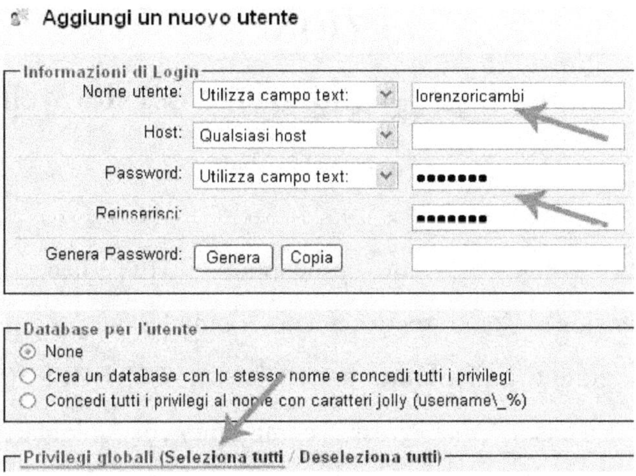

Abbiamo terminato. **Tutti questi dati vengono usati per settare Joomla!** al meglio in modo da vederlo in funzione; è indispensabile che **i dati immessi siano ricordati** perfettamente.

LEZIONE 3:

Azioni di pre-installazione del sito web

Bisogna prima di tutto procurarsi i file necessari per l'installazione. Come già accennato Joomla! è un prodotto open source gratuito distribuito sotto licenza GNU-GPL (General Public License). Una grossa community di volontari lavora attivamente nel migliorare questo CMS. Joomla! è periodicamente aggiornato e i file d'installazione li puoi trovare sul sito italiano: http://help.joomlaitalia.com/Download-Joomla-1.0.x.html

ATTENZIONE: Joomla! presenta varie fasi di sviluppo, in questo momento sono disponibili la versione 1.0 e la 1.5. Io consiglio ancora per un po' di tempo la versione 1.0 perché esiste da diversi anni e il supporto online è più presente. **Quando la versione 1.5 sarà in uno stadio più avanzato, avrai diritto all'aggiornamento gratuito!**

Il file scaricato sarà un file zip che dovremo scompattare, al suo interno ci sono diverse cartelle e file che dovranno essere inserite nel *server locale o remoto*.

AZIONE n.13: inserisci i file di Joomla! nella cartella hotdocs di Xampp.

Nel caso tu abbia deciso di fare le tue prime prove sul pc, (server locale), l'operazione per far partire Joomla! è alquanto banale, **bisogna semplicemente prendere la cartella di Joomla! e inserirle nella cartella Hotdocs di xampp.**

Cliccando su Explorer si apre la cartella che contiene le sotto-cartelle del server locale (Xampp), **semplicemente bisogna prendere la cartella Joomla scompattata e trasferirla dentro la cartella hotdocs.**

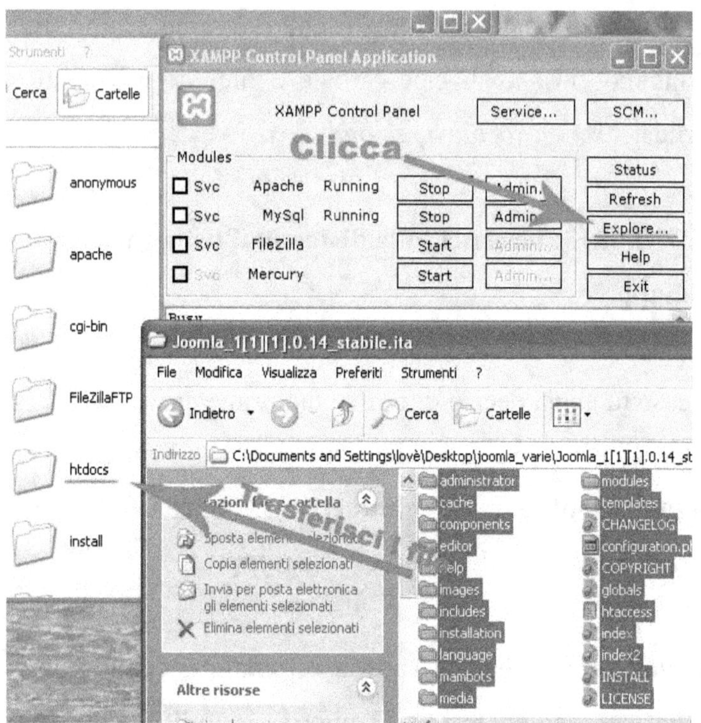
Clicca
Trasferisci qui
Il nome della cartella di Joomla può essere cambiato, e consigliabile usare un nome che ricordi il sito che vogliamo creare.

Cartella hotdocs   Cartella Joomla!

La cartella con i file di Joomla! avrà un nome che puoi decidere tu, per richiamare il sito web sul tuo pc tramite un indirizzo locale bisogna digitare http:/localhost/*nomedellacartella*, pertanto è meglio **chiamarla in base al tipo di sito che stiamo costruendo**, in questo caso posso chiamarla "autoricambi" e l'indirizzo che ci porterà al sito sarà http:/localhost/autoricambi.

AZIONE n. 14: impara a trasferire Joomla! su server remoto.

Per lavorare direttamente online la procedura è quasi la stessa, questa volta bisogna inserire i file di Joomla! dentro una cartella di un server remoto.

Prima di tutto è necessario aver comprato un dominio con relativo database, in secondo luogo è basilare avere un programma FTP con il quale è possibile inserire i file della cartella di Joomla! dentro la *Root* del dominio. **Un programma FTP serve a mandare i file di un sito web dal tuo pc al web stesso.** Il programma che ti spiego velocemente si chiama FileZilla, è gratuito e puoi scaricarlo a quest'indirizzo:

http://filezilla-project.org/download.php?type=client

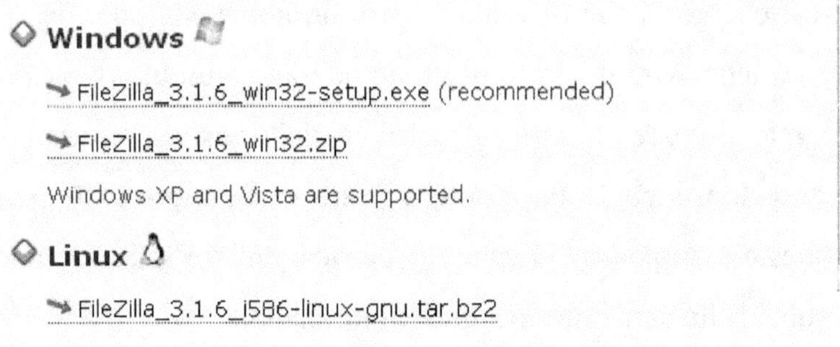

AZIONE n. 15: **fai downloand di FileZilla in base alla versione di Windows che utilizzi.**

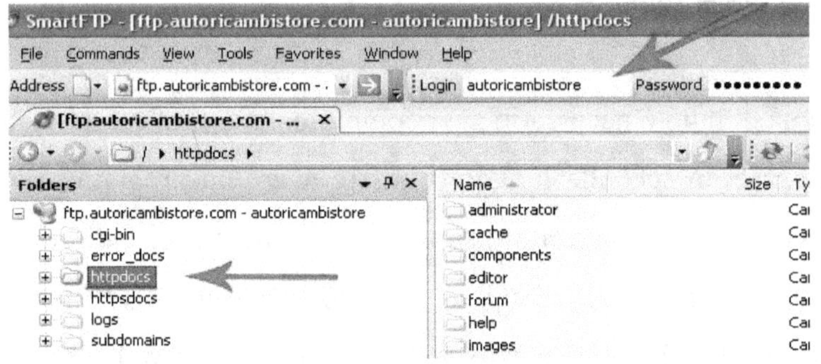

Compila l'address con il nome dell'indirizzo web, inserisci il login e la password che hai ricevuto dopo l'acquisto del dominio.

ATTENZIONE: Ogni hosting ha le sue particolarità, in base al dominio che acquisti, le prime cartelle presenti di base potrebbero essere diverse da quelle che vedi nella figura di sopra. In questo caso sono presenti sei cartelle, tra le quali visioniamo la cartella *httpdocs* che sarebbe l'equivalente della cartella *hotdocs* in locale, **attenzione avvolte non è presente nessuna cartella.**

AZIONE n. 16: trasferisci i file di Joomla! dentro la cartella httpdocs.

Devi trasferire tutti i file della cartella Joomla! presenti nel tuo pc dentro la cartella **httpdocs**. In questo caso è presente questa cartella, se nel tuo caso non è presente devi semplicemente inviare i file.

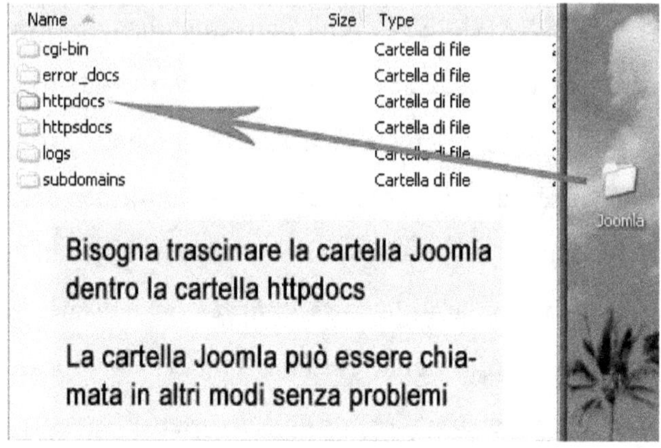

Name
Size   Type
cgi-bin   Cartella di file
error_docs   Cartella di file
httpdocs   Cartella di file
httpsdocs   Cartella di file
logs   Cartella di file
subdomains   Cartella di file
Joomla
Bisogna trascinare la cartella Joomla dentro la cartella httpdocs
La cartella Joomla può essere chiamata in altri modi senza problemi

LEZIONE 4:

Il tuo sito web o e-commerce operativo

Una volta inviati tutti i file in remoto o locale, o meglio dire dopo aver trasferito la cartella Joomla! (o nominata a tuo piacere) nella cartella hotdocs (in locale) o httpdocs (in remoto) possiamo passare all'installazione!

AZIONE n.17: fai partire l'installazione digitando:

- **http://localhost/joomla (se lavori in locale);**
- **http://www.nomesito.it/joomla (se lavori in remoto).**

> **ATTENZIONE:** la pre-installazione (e l'installazione stessa) è identica sia lavorando in locale sia lavorando in remoto, pertanto non c'è alcun tipo di problema o diversificazione nella modalità d'installazione.

Abbiamo cosi la schermata per i controlli di pre-installazione.

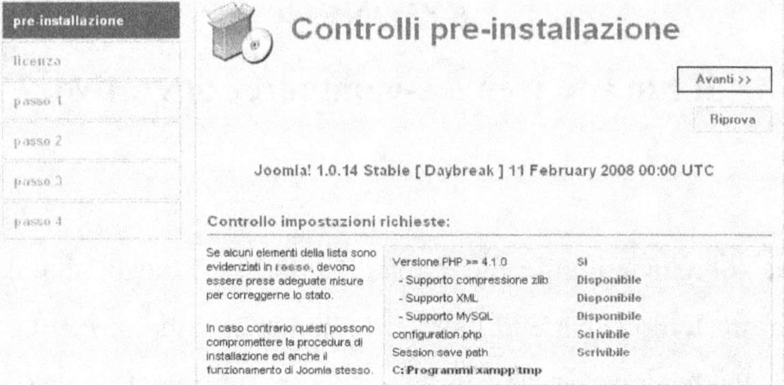

ATTENZIONE: se nell'impostazione richiesta sono presenti scritte in rosso vuol dire che c'è qualcosa che non quadra, occorre rivolgersi al proprio provider (dove hai acquistato il dominio) per risolvere eventuali anomalie che noi, dal nostro pc, non possiamo risolvere. Alcuni provider forniscono spazi web con particolari restrizioni, può capitarti di trovare in questa prima schermata nella parte concernente il CONTROLLO SICUREZZA delle scritte tipo "Impostazioni PHP register:globals è ON invece che OFF", in questo caso non preoccuparti: è una restrizione del provider che non comporta nessuno problema a Joomla!

Nelle Impostazioni Raccomandate potresti trovare alcuni parametri in rosso (non consigliati), questi potrebbero causare dei malfunzionamenti a Joomla!, ma non precludono l'installazione, nel caso in cui dovessi trovare tali parametri rossi, consiglio di continuare nell'installazione ed eventualmente porre rimedio in un altro momento, se sarà necessario.

Impostazioni Raccomandate:

Questi sono i requisiti raccomandati con PHP per assicurarsi la piena compatibilità con Joomla.

In ogni caso, Joomla potrebbe anche funzionare se questi requisiti non corrispondono pienamente con quelli raccomandati.

Direttive	Raccomandati	Attuali
Safe Mode:	OFF:	OFF
Display Errors:	OII:	OII
File Uploads:	OII:	OII
Magic Quotes GPC:	OII:	OII
Magic Quotes Runtime:	OFF:	ON
Register Globals:	OFF:	OFF
Output Buffering:	OFF:	OFF
Session auto start:	OFF:	ON

AZIONE n. 18: controlla i permessi e cambiali se scritti in rosso.

Se nei Permessi delle cartelle e file trovi una cartella con la scritta in rosso Non Scrivibile, bisogna cambiare i permessi della cartella, che avvolte può essere anche più di una.

> **ATTENZIONE:** questo passaggio può accadere solo se lavoriamo in remoto, i permessi delle cartelle li possiamo cambiare solamente in remoto, sulle cartelle che abbiamo trasferito con il programma FileZilla.

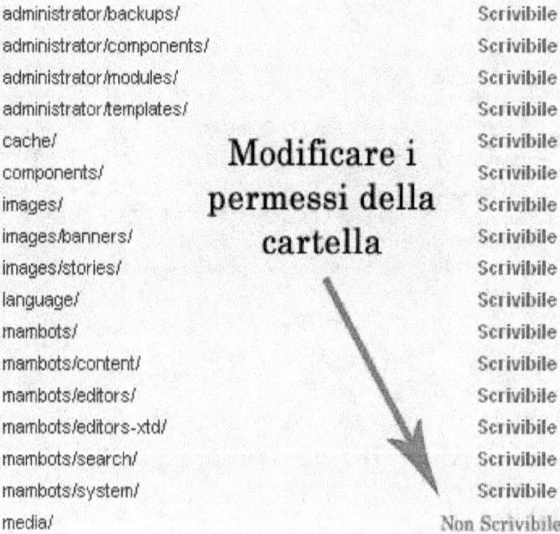

Per cambiare i permessi dobbiamo aprire il programma FileZilla e cambiare i permessi sulle cartelle che abbiamo inviato in precedenza. Per far funzionare Joomla! al meglio, bisogna impostare la cartella in scrittura, **questo si fa cambiando i CHMOD e assegnandoli a 777.** La cartella cui bisogna modificare i permessi, nel mio caso, è *media,* **clicco sulla cartella con il tasto destro del mouse e ottengo una finestra nella quale bisogna scegliere Properties.**

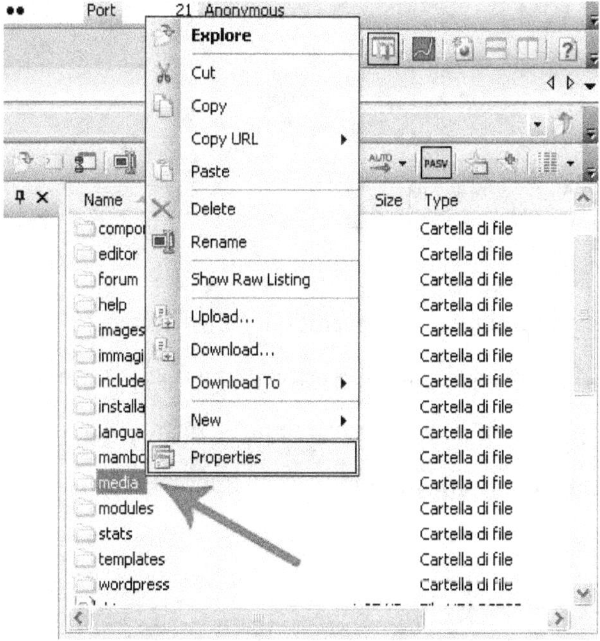

Inserisco in Permissions il numero 777.

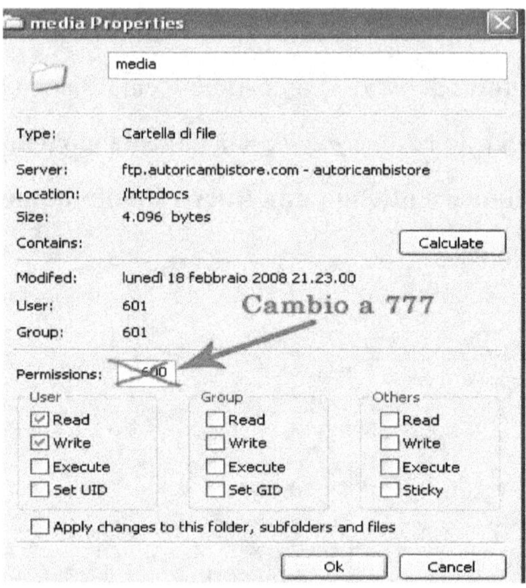

Una volta cambiati tutti i permessi con il numero 777 a tutte le cartelle che presentavano la scritta Non scrivibile clicchiamo su Riprova per reimpostare nuovamente il tutto e per verificare se i nostri cambiamenti hanno modificato i permessi.

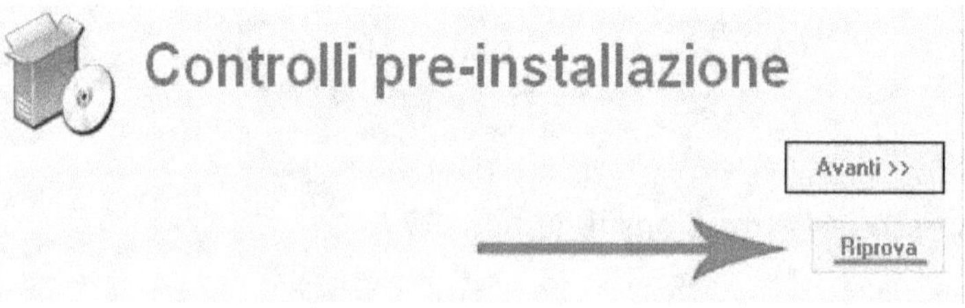

Se tutto procede bene, proseguiamo al prossimo passo e accettiamo i termini di licenza:

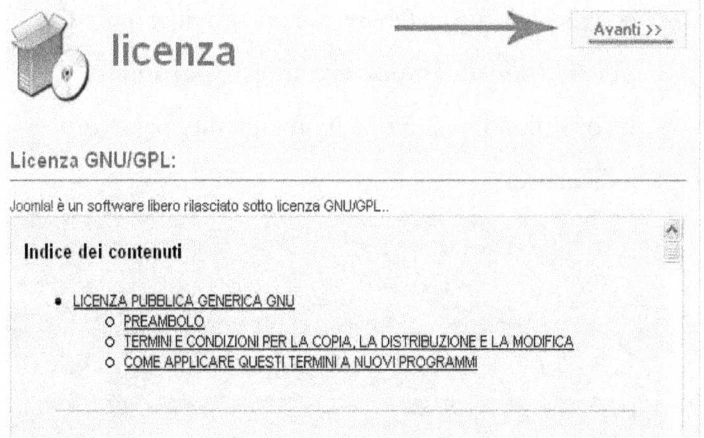

Continuiamo e proseguiamo l'installazione cliccando nuovamente su avanti.

AZIONE n. 19: inserisci i dati nel database.

In questo primo vero passo è necessario inserire i dati che abbiamo già impostato nel database creato in precedenza.

> **ATTENZIONE:** lavorando in locale il Nome Utente e la Password del Database MySQL li decidiamo noi, ma a volte, in remoto, acquistando un database alcuni provider **non ti permettono di impostare questi parametri** e ti forniscono host name, nome utente, password e database.

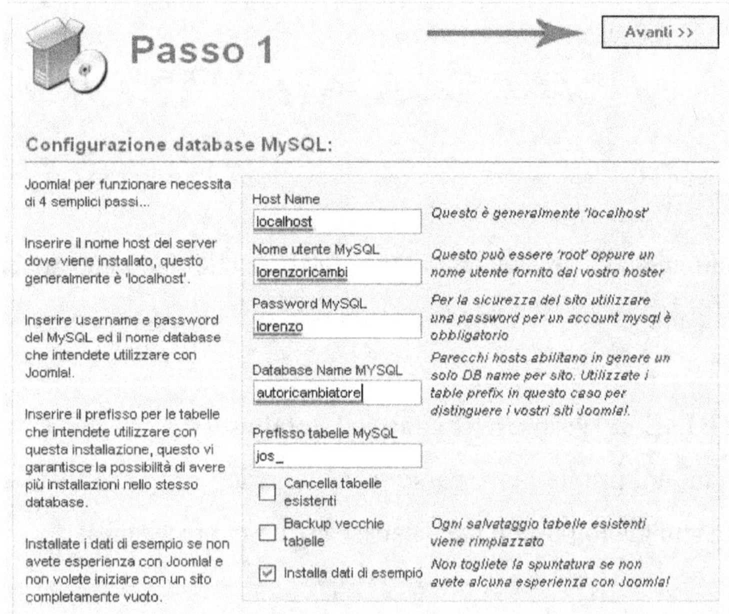

AZIONE n. 20: **scegli il nome del sito e scrivilo nell'apposito form amministrativo.**

Naturalmente questa scelta potrà in futuro essere cambiata senza alcun problema dal pannello d'amministrazione di Joomla!, che vedremo in seguito. Io ho scelto *autoricambistore* perché, come già detto, è il nome del sito che userò per mostrarti come creare un e-commerce!

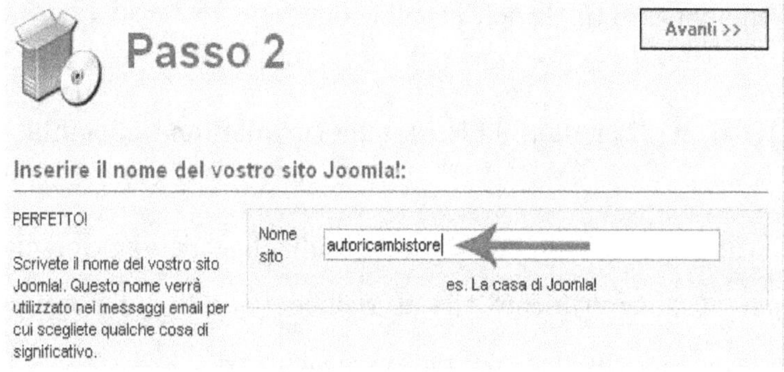

AZIONE n. 21: **inserisci l'e-mail e scegli la password che userai per entrare nel tuo pannello amministrativo di Joomla!**

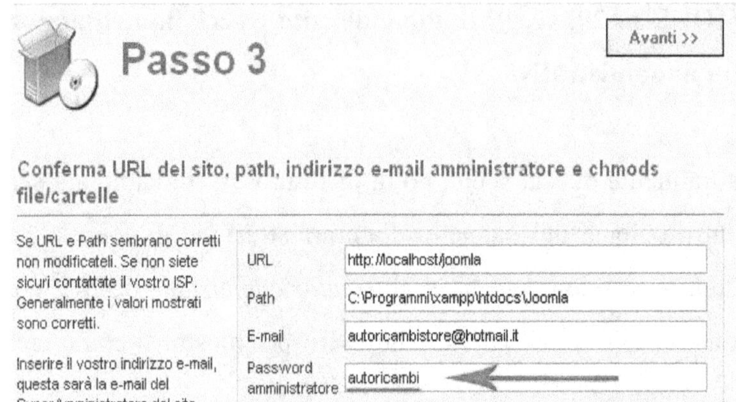

Cliccando su Avanti ti ritroverai con l'ultima schermata che presenta il passo finale dell'installazione.

AZIONE n. 22: rinomina la cartella Installation di Joomla!

Devi rimuovere o rinominare la cartella Installation. Joomla è pronta al funzionamento ma ti richiede questo ultimo passo. Questa richiesta avviene per motivi di sicurezza.

> **ATTENZIONE:** non importa se stai lavorando in locale o in remoto, per proseguire devi cancellare o rinominare la cartella Installation.

In locale, come già sappiamo, la cartella installation si trova dentro la cartella principale di Joomla!. Se lavori in locale entra nella cartella hotdocs, trova ed entra nella cartella con i file di Joomla!; al suo interno troverai la cartella installation, **la puoi rinominare a tuo piacere**, installazione_fatta, installation___, installazione_effetuata ecc.

Quindi il percorso: hotdocs -> Joomla -> installation. In remoto devi entrare con il programma FileZilla al tuo dominio, devi trovare la cartella installation e devi rinominarla o cancellarla!

ATTENZIONE: ripeto nuovamente che la cartella nominata Joomla contenente tutti i file per Joomla! può essere chiamata con qualunque altro nome, uso dire la cartella Joomla esclusivamente per un scopo di comodità e di veloce comprensione.

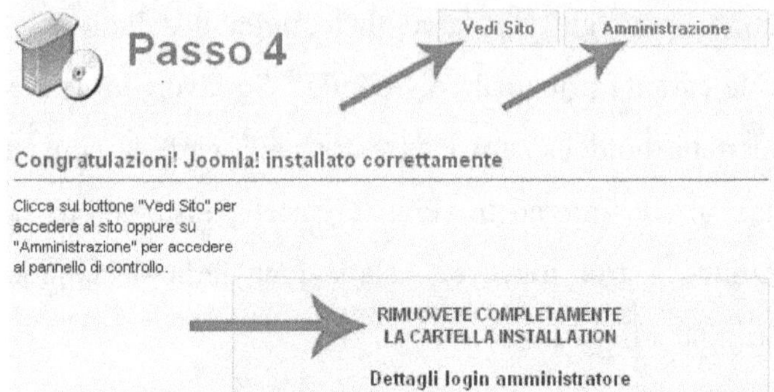

AZIONE n. 23: visita il tuo nuovo sito cliccando su Vedi Sito.

Fatta la rimozione o la ri-nominazione puoi visionare il tuo sito cliccando su *Vedi Sito* oppure puoi andare in *Amministrazione*. Per il momento, andiamo su *Vedi Sito*…

ECCOLO! La nostra prima schermata in tutti i casi si presenterà in questo modo (vedi immagine). **Il bello è che possiamo completamente cambiare colori, grafica e struttura…**

AZIONE n. 24: **impara a entrare nel pannello amministrativo**.

Ma come facciamo a modificare, controllare e monitorare tutto il sito? Dal pannello amministrativo! **Clicca nel Menu laterale, su Amministrazione.**

ATTENZIONE: il link all'amministrazione in front-end potrebbe anche non essere disponibile o visibile, bisogna intervenire nell'amministrazione stessa per renderlo visionabile nel sito.

Ora devi fare il login, di solito lo username inizialmente è sempre admin; la password dovresti averla scritta nel Passo 3 dell'installazione, inserisci i dati e clicca su Invia.

ATTENZIONE: se durante l'installazione non hai scelto la password e **ora non ricordi che dati inserire**, non puoi accedere al pannello amministrativo e per tanto **questa sarà un'installazione fatta a vuoto!**

Inserendo i dati corretti veniamo portati al nostro pannello amministrativo.

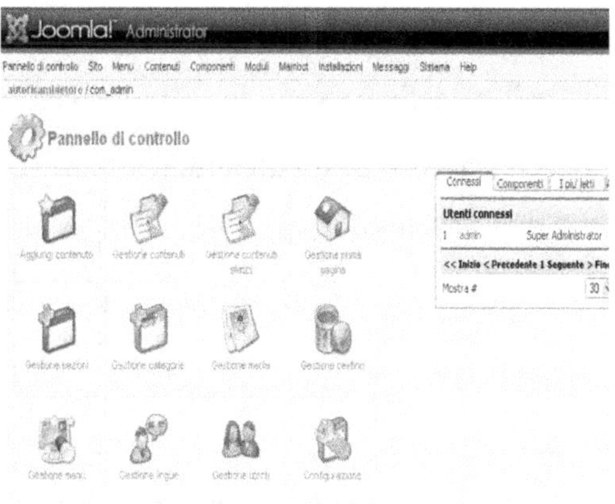

Questo è il nostro posto di lavoro, questo è il luogo dove viene fatto "quasi" tutto, questo è il cuore di tutto il sistema, pertanto dovrai conoscerlo alla perfezione!

> **ATTENZIONE:** installare Joomla! può essere difficoltoso le prime volte, in realtà il meccanismo è semplice e se non ci sono errori gravi e lacune non direttamente riconducibili al nostro operato dovrebbe andare tutto bene.
>
> Se dovessi avere problemi ti consiglio di consultare e chiedere aiuto ai vari forum disponibili sull'argomento. Il bello di Joomla! è che migliaia di persona la usano e centinaia di utenti sono disposti ad aiutare chiunque a risolvere problemi di ogni tipo.

Le risorse migliori d'aiuto sono:

- http://forum.joomla.it/;
- http://forum.joomlaitalia.com/;
- www.giorgiotave.it/forum/joomla/.

Usa tali risorse, chiedi aiuto e inizia a creare il tuo sito web o nel caso, il tuo e-commerce!

LEZIONE 5:

Le funzionalità del sito web

Joomla! è un software molto raffinato, al suo interno sono presenti ulteriori software e tu stesso puoi ampliarlo con sempre più software.

Questo fantastico CMS (Content Management System) ha una struttura in grado di adattarsi a molteplici esigenze di personalizzazione.

Infatti, gli ulteriori "software", o meglio estensioni, creano funzionalità complesse, inoltre la disponibilità di queste estensioni è davvero notevole e la maggior parte di esse sono gratuite, solo una piccola parte è a pagamento a costi molto bassi.

Prima di arrivare al completo utilizzo dell'area amministrativa di Joomla! è importante capire **che tipo di estensioni esistono e come facciamo a trovarle e a implementarle nel sistema.**

> **ATTENZIONE:** tutte le estensioni che ti spiegherò vengono installate in maniera automatica e semplicissima tramite il pannello amministrativo! La procedura d'installazione te la tratterò più avanti.

Le estensioni si dividono in:

MODULI: sono zone di Joomla! che mostrano contenuti e immagini, in pratica servono a suddividere la pagina web in varie sezioni creando così una specie di struttura che può essere personalizzata a piacere.

COMPONENTI: funzionalità particolari come gestire forum, chat album di foto ecc. possono essere implementati in Joomla! tramite l'installazione dei componenti.

PLUG-IN: spesso vengono chiamati anche **mambots,** essi sono parti di codice che consentono di aumentare le funzionalità di Joomla! A volte sostituiscono porzioni del codice di Joomla! stesso. Con essi le funzionalità di editing, di ricerca, la gestione delle immagini ecc. vengono ampliate.

TEMPLATE: l'aspetto grafico di Joomla! è molto innovativo. Nel web sono disponibili oramai migliaia di template grafici differenti per questo CMS, con pochi click puoi decidere che grafica usare e poi cambiarla in pochi secondi. Basta caricare il file del template nella consueta area amministrativa. La struttura di base di Joomla! può essere modificata a tuo piacimento senza aver nessuna conoscenza di programmazione. I centinaia di moduli, componenti, mambots (plug-in) e template disponibili in rete ampliano le tue risorse all'ennesima potenza!

AZIONE n. 25: prendi dimestichezza con le cartelle di Joomla!

Nell'immagine presentata sotto è presente il contenuto della cartella di Joomla, io ora sto lavorando in locale e per tanto **le cartelle risiedono nel mio pc dentro la cartella Htdocs di xampp.**

Le cartelle principali a cui dovrai prestare particolare attenzione sono:

- **components (cartella dei componenti);**
- **mambots (cartella dei plug-in);**
- **modules (cartella dei moduli);**

- **templates (cartella dei temi grafici).**

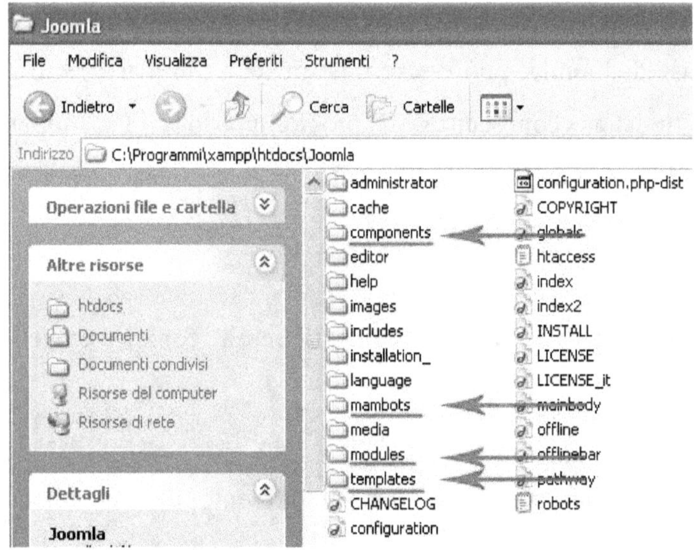

<table>
<tr><td>

ATTENZIONE: i file presenti in queste cartelle vengono direttamente creati inserendo la relativa estensione (i file) dal pannello amministrativo. Vediamo come fare.

</td></tr>
</table>

AZIONE n. 26: impara a implementare le estensioni in Joomla!

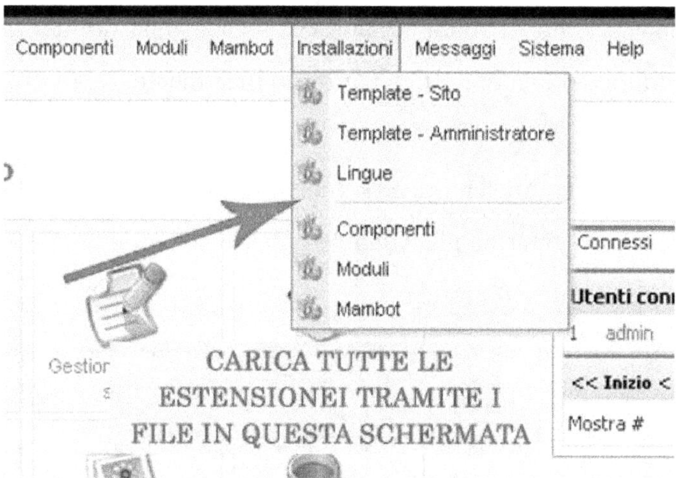

Nel pannello amministrativo devi andare nel menu installazioni e devi cliccare sulla voce che t'interessa implementare.

È molto importante comprendere come usare e sfruttare al meglio le potenzialità delle estensioni di Joomla!. Moduli, componenti e mambot (plug-in) accompagneranno la tua fantasia per la creazione del sito desiderato.

AZIONE n.27: comprendi e impara ad usare i moduli.

Comprendere il funzionamento dei moduli rende l'amministratore di un sito creato su Joomla! abbastanza capace da ridimensionare la struttura del layout grafico a proprio piacimento.

Di default sono presenti diversi moduli, ma è possibile scaricarne altri e implementarli a piacere nel sito…

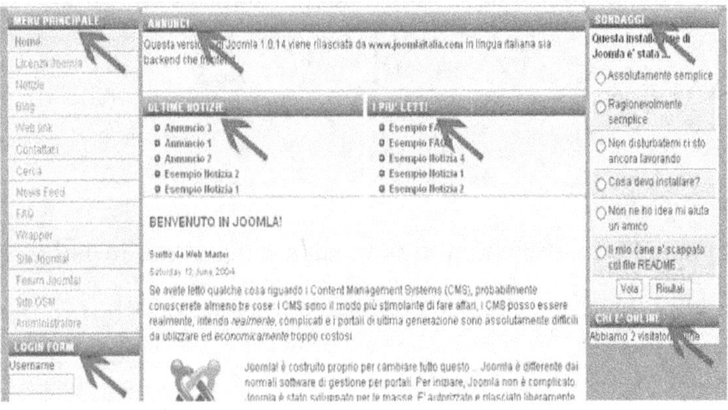

Ecco i moduli che di solito sono presenti di default (base): il modulo Menu, il modulo Login form, il modulo sondaggi, il modulo Ultime notizie, il modulo I più letti e il modulo Chi è online.

Ogni modulo ha una posizione predefinita, **ma in qualsiasi**

momento è possibile dare a ognuno di essi la posizione preferita. Molti moduli presenti in quest'immagine non servono molto alla nostra esigenza, per tanto tra poche righe procederò a eliminarne alcuni.

ATTENZIONE: il template non ha nulla a che fare con i moduli, infatti, spostare, eliminare o aggiungere moduli comporta solo uno spostamento di funzionalità e non un cambiamento grafico del sito.

Per ottenere cambiamenti grafici del template bisogna intervenire su specifiche cartelle, queste operazioni di ulteriore modellamento dei template necessita di medie conoscenza di HTML, nei capitoli successivi cercherò di renderti questa possibilità facile.

Per gestire i vari moduli presenti nel sito raggiungiamo l'area d'amministrazione seguendo il percorso Moduli>Moduli Sito.

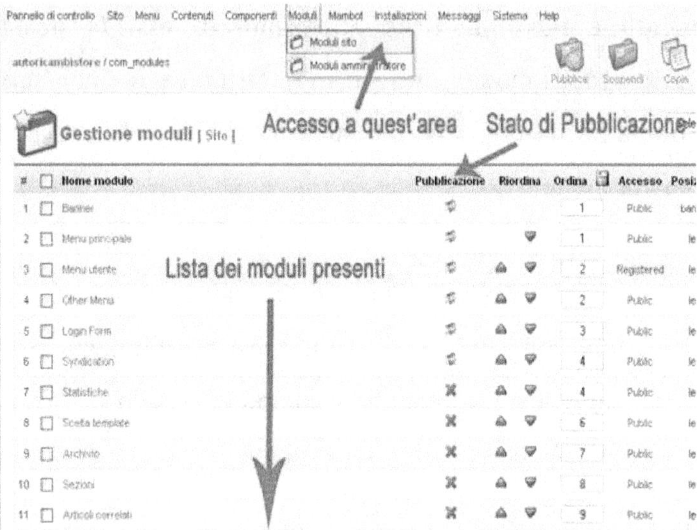

In questa schermata sono presenti tutte le caratteristiche dei moduli installati. Alcuni di essi sono pubblicati, altri no, il grado di pubblicazione lo verifichiamo tramite due tipi di icone:

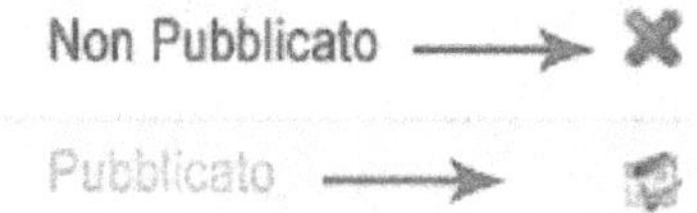

Ora sul nostro sito proviamo a verificare cosa succede se eliminiamo dei moduli:

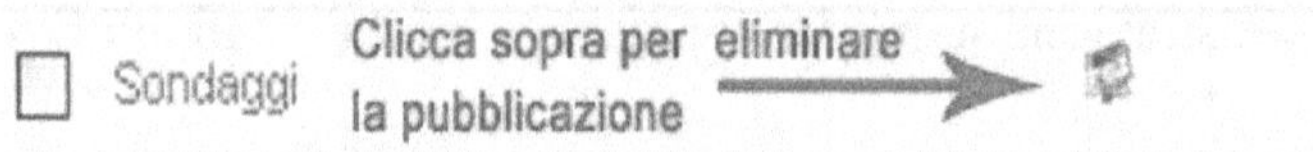

Provo a eliminare la pubblicazione di tutti i moduli visti in precedenza nel sito:

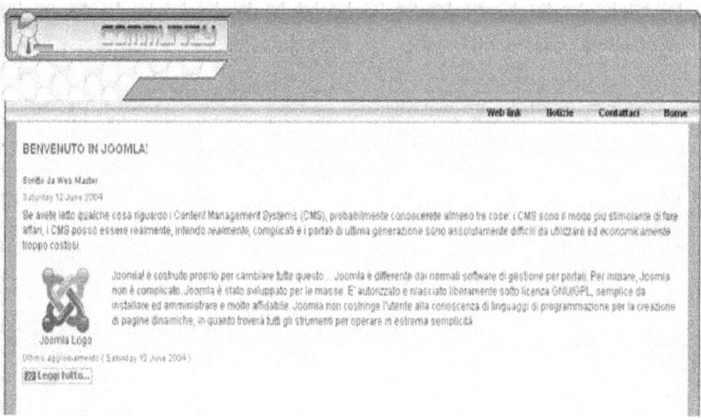

Com'è possibile osservare l'home page si è spogliata dei vari moduli e ora presenta una struttura semplicissima senza menu, form di registrazione, sondaggi, annunci ecc…

Ora abbiamo la base su cui possiamo lavorare a nostro piacimento. Prima d'iniziare a inserire dei nuovi moduli è basilare comprendere come possiamo decidere la loro posizione e come facciamo a crearne uno. Ogni "Posizione di un Modulo" in Joomla! ha un nome che contraddistingue la posizione stessa. Ad esempio, la posizione dei moduli che creano i menu laterali di sinistra e destra sono chiamati **left** e **right.**

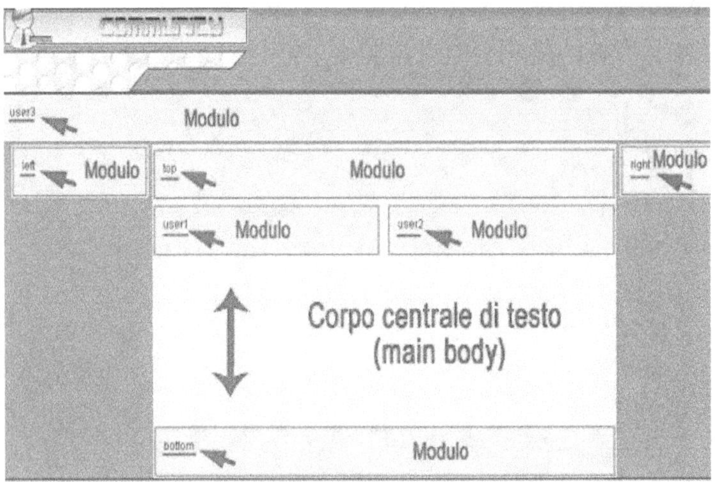

I blocchi dei moduli sono evidenziati da un riquadro e da un nome, ad esempio abbiamo l'user 1, user 2, left, right, top, bottom ecc. Nei riquadri in rosso **possiamo far apparire il modulo che desideriamo dando a quest'ultimo il "Nome di posizione".** Il main body è il **corpo centrale** che si estende automaticamente in verticale in base ai contenuti che inseriamo.

I programmatori di Joomla! hanno creato ventisette blocchi di moduli diversi, come già detto e visto ogni posizione ha il proprio nome.

ATTENZIONE: i moduli hanno lo scopo di posizionare dei contenuti. È importante sottolineare che essi spesso sono da complemento dei componenti, un componente è un mini software creato per uno scopo preciso, ma per visualizzare le funzioni di un componente utilizziamo i moduli.

Ad esempio il COMPONENTE SONDAGGI viene visualizzato dal MODULO SONDAGGI. Il modulo ha l'esclusivo scopo di far visualizzare il componente nella posizione desiderata, ma tutte le impostazioni e tutte le modifiche del componente sondaggi vengono effettuate nell'apposita area per la modifica dei componenti, come vedremo nelle prossime pagine.

Vediamo di capire come i **moduli e i componenti lavorano in**

tandem. Sempre tramite la barra principale andiamo nel menu Componenti e verifichiamo che si apre una lista di tutti i componenti presenti, cliccando su uno di essi è possibile entrare nel pannello di controllo del componente stesso, decidiamo di andare a verificare il componente Sondaggi.

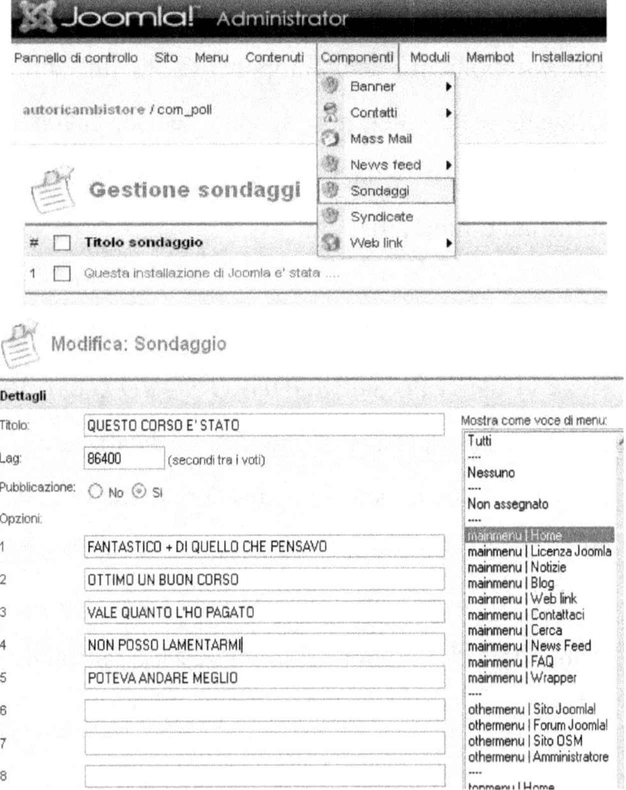

Com'è possibile osservare, questo componente può subire delle modifiche sul contenuto di testo che dovrà comparire nel sondaggio, dico questo per sottolineare che TUTTI i componenti presentano parametri differenti e ognuno può essere modificato a proprio piacimento, a seconda dell'esigenza..

ATTENZIONE: spesso quando scarichiamo dalla rete un componente che deve essere visualizzato sul sito vengono affiancati dei file zip del modulo che renderanno il componente visibile. Non sempre i due pacchetti dei file si trovano sullo stesso sito e a volte capita di dovere cercare componenti e relativi moduli in zone diverse del sito o su addirittura siti differenti.

Ora proviamo a dare una posizione al modulo sondaggi. Dobbiamo raggiungere la schermata per la modifica del modulo: MODULI>MODULI SITO e clicchiamo sul modulo SONDAGGI.

Raggiungiamo il pannello per la modifica del modulo:

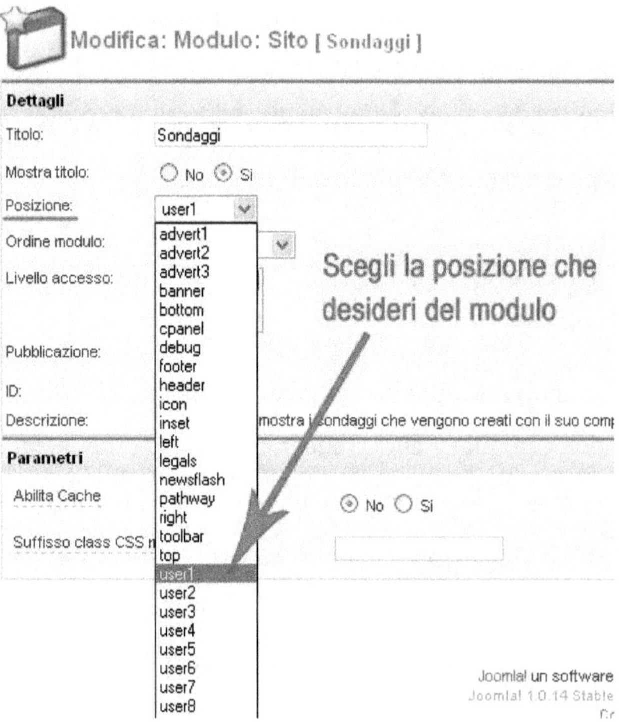

Nell'opzione Posizione decidiamo dove far apparire il nostro modulo, inizialmente era presenta sulla parte destra dello schermo (posizione **right**) ora proviamo a fargli assumere un'altra posizione, ad esempio **user1.** Clicchiamo su SALVA e verifichiamo in home page cosa è successo…

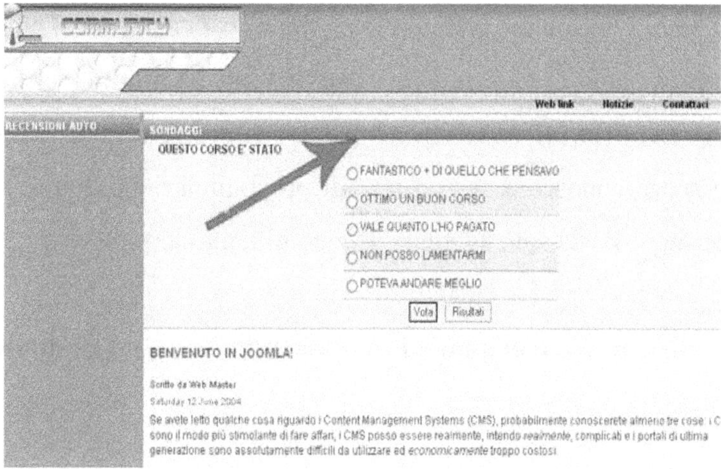

Il modulo ora è presente alla posizione desiderata (user1). Ora proviamo a votare…

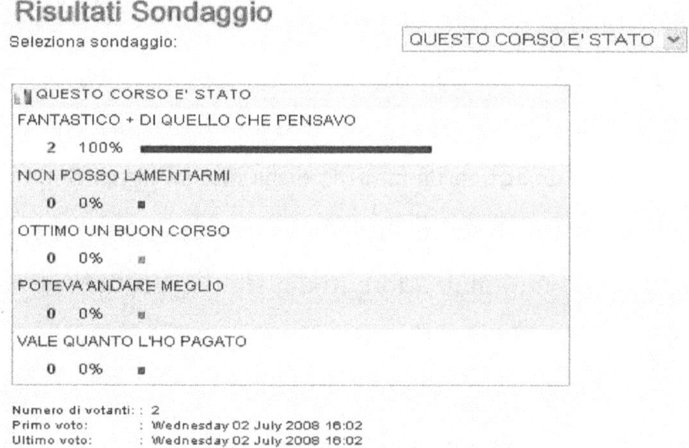

Otteniamo i risultati in tempo reale dei voti ricevuti. Con questo comprendiamo facilmente che i **componenti e i moduli sono dei veri e proprio software** che aumentano le potenziali funzioni del sito senza conoscere nessun tipo di programmazione, e questo è fantastico! Basta solo avere un pizzico di fantasia.

AZIONE n. 28: trova nuovi componenti e mambot e impara a usarli.

I componenti, come già detto più volte, sono dei veri e propri software che s'implementano in Joomla! al fine di ottenere nuove funzionalità. Installando un componente è possibile dal nulla visionare sulla pagine del proprio sito un forum, una chat, effetti grafici particolari e tanto altro ancora.

Potrei scrivere una quantità enorme di pagine su ogni componente e mambot esistente e sul relativo funzionamento, ma non è il mio scopo, pertanto mi limito a fornirti dei siti dove potrai trovarne a centinaia…

Per caricare un componente le azioni sono identiche a tutti i caricamenti delle altre estensioni. I siti web che offrono tali risorse sono oramai moltissimi, sono semplicemente disponibili cercando su Google "componenti per Joomla" o " mambot per Joomla".

AZIONE n. 29: inizia a comprendere il componente e-commerce VirtueMart.

Questa è solo una breve premessa del componente più importante necessario al nostro scopo e-commerce. VirtueMart è un componente molto vasto e con esso è possibile creare in Joomla! tutto l'ambiente necessario per la creazione completa di un sito che può vendere da dieci a centinaia di prodotti. Ho deciso d'introdurlo qui al fine di farti comprendere quanto un componente può essere vasto e come può ampliare tutta l'amministrazione di Joomla!.

> **ATTENZIONE**: il componente VirtueMart sarà trattato in maniera approfondita in una lezione specifica per imparare tutte le sue funzioni.

Seguiamo il solito percorso dal menu amministrativo:

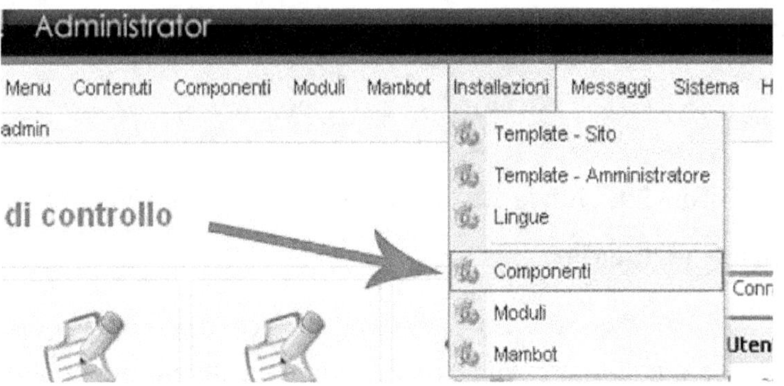

Sfogliamo sul nostro pc il componente già scaricato dalla rete e posizionato in una nostra cartella, poi carichiamo il file al fine d'installarlo.

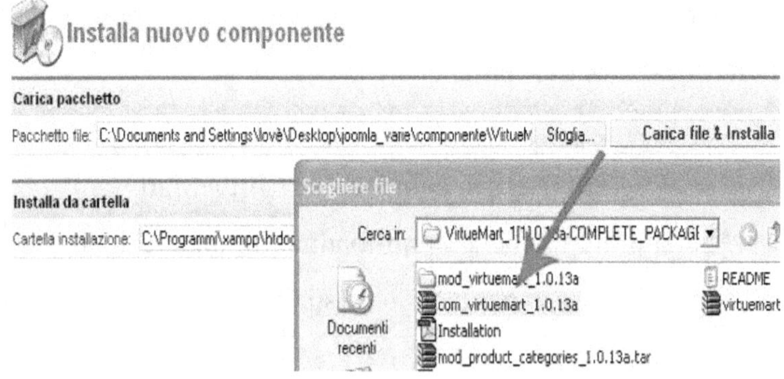

Se il caricamento è andato a buon fine, otteniamo la conferma dell'operazione.

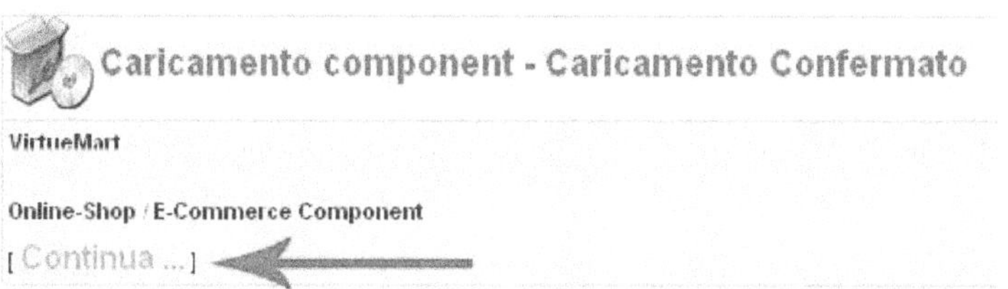

Dopo l'installazione, il componente è ora presente nella lista dei componenti installati, pertanto basta cliccare su di esso per visionare il pannello di controllo relativo.

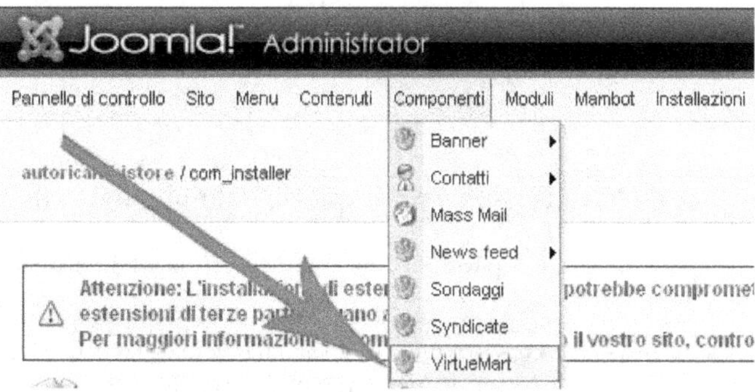

Questa è la schermata del Pannello di controllo di VirtueMart, come è possibile osservare alle usuali funzioni di Joomla!

vengono aggiunte con questo componente altre decine di funzionalità. Tutte le nuove funzionalità di VirtueMart sono predisposte esclusivamente per la creazione di un portale e-commerce.

> **ATTENZIONE**: in questa immagine il pannello di VirtueMart è visualizzato in lingua inglese, se ciò dovesse essere un problema per te non preoccuparti perché nella lezione dedicata spiegherò come rendere in pochi secondi VirtueMart in italiano.

AZIONE n. 30: impara a cancellare i componenti.

A volte può capitare di installare dei componenti per provare le funzionalità e scoprire che non fanno al caso nostro, oppure può capitare di aver installato un componente e dopo molto tempo utilizzato rendersi conto che non lo si utilizza, a tal fine è opportuno cancellare ciò che non è utilizzato in modo da alleggerire tutto il sistema.

La disinstallazione è molto semplice, basta semplicemente tornare alla schermata per l'installazione dei componenti, selezionare il componete e cliccare sull'icona Disinstalla.

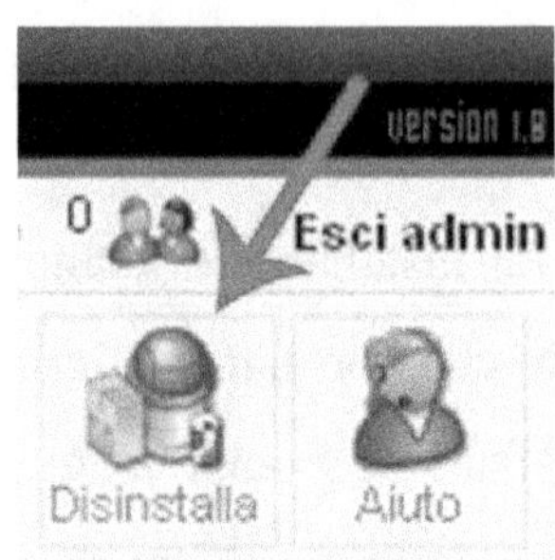

In questo modo il Componente sarà completamente eliminato delle cartelle automaticamente e tutto il sistema si alleggerirà di file non utilizzati.

AZIONE n. 31 : impara a gestire i mambot (plug-in).

I mambot o anche chiamati plug-in sono porzioni di codice (o script) che ampliano e migliorano le potenzialità di Joomla! Ogni mambot ha la sua particolare funzione e spesso essi servono a intervenire meglio su contenuti, immagini, ricerche ed editing dei testi. Un mambot molto utile è quello che aumenta le funzioni di scrittura dei contenuti. Quando creiamo un contenuto, in qualsiasi editor di testo abbiamo a disposizione diverse funzionalità che ci permettono di gestire i contenuti scritti; ad esempio quando utilizziamo Word, o programmi simili, è presente un pannello con il quale possiamo inserire e modificare immagini, allineare e modificare il testo, abbiamo l'anteprima e l'icona per tornare alle azioni precedenti e tante altre funzioni utili. In Joomla! è presente di default (di base) un ottimo editor di testo, ma noi possiamo inserirne uno migliore con funzionalità ancora più spinte. Questo è l'editor presente fin dall'inizio in Joomla!

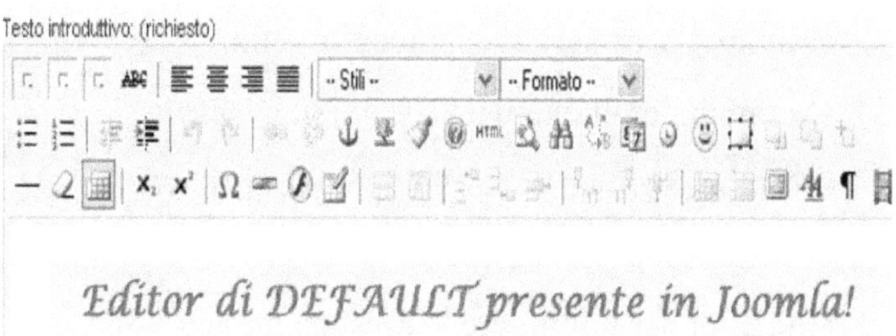

Editor di DEFAULT presente in Joomla!

Io di solito installo il mambot che funge da editor di nome JoomlaFCK, ha più funzionalità ed è molto versatile.

Nuovo editor (Joomla Fck) con funzionalità più avazate

ATTENZIONE: questo è uno dei tanti esempi che avrei potuto fare sui mambot, pertanto sta a te fare le prove e verificare quale editor scegliere e quali mambot installare. Giusto per farti comprendere che tipo di mambot esistono, nei miei siti io uso:

- Mambot per visualizzare i video di YouTube.
- Mambot per rendere le immagini ottimizzate.
- Mambot per ottenere un editor più avanzato.
- Mambot per aumentare le opzioni di ricerca nel sito.
- Mambot per migliorare le prestazioni Seo.
- Mambot per creare appositi form.
- Mambot per gestire meglio gli utenti.
- Mambot per gestire meglio le categorie.
- Ecc.

Purtroppo per cause di spazio preferisco non dilungarmi oltre nella spiegazione delle estensioni; il mio scopo in questa lezione è semplicemente il farti comprendere che Joomla! appena installato, anche se già molto vasto, possiede una miriade di estensioni in grado di soddisfare quasi qualunque esigenza. La versatilità di Joomla! rende questo CMS unico nel suo genere e spesso per creare siti sofisticati e simili le Web Agency richiedono decine di migliaia di euro; per questo il corso che stai facendo ha un prezzo quasi ridicolo in confronto a ciò che puoi realizzare!!!

LEZIONE 6:

La veste grafica del tuo sito web

Vista la spiegazione dell'installazione dei file tramite il pannello amministrativo, credo che sia un ottimo momento per iniziare a cambiare veste grafica del sito. Non sai usare un programma di grafica!? Te l'ho già detto, non è un problema! Prima di tutto devi scegliere il template che più ti piace e che più si addice ai contenuti che dovrai creare nel tuo sito.

AZIONE n. 32: trova il tuo primo template e installalo!

Ti fornisco degli ottimi siti internet che offrono gratuitamente centinaia di temi grafici per Joomla!:

http://template.joomla.it/

http://www.themesbase.com

http://www.joomlaos.de/

Sempre dal menu Installazioni scegli Template Sito, visualizzerai tale schermata, ora carica e installa il file.

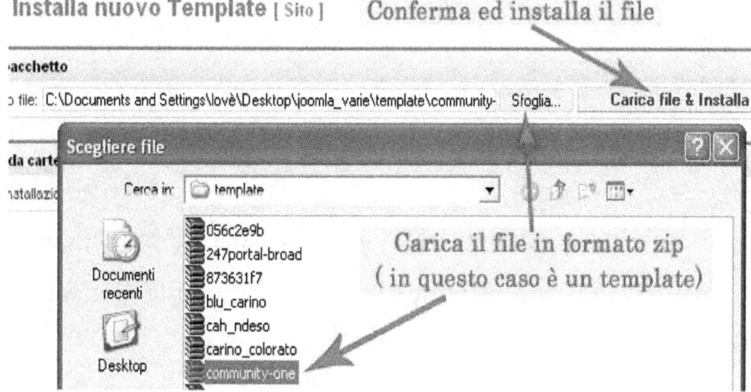

> **ATTENZIONE**: tutte le estensioni che s'installano in Joomla! sono costituite da pacchetti di file compressi. **In tutti i casi bisogna installare SEMPRE il pacchetto di file compressi.**

Nel momento in cui l'installazione del template, ma anche di tutte le altre estensioni, è terminata, appare una scritta che conferma la corretta installazione di tutto il pacchetto.

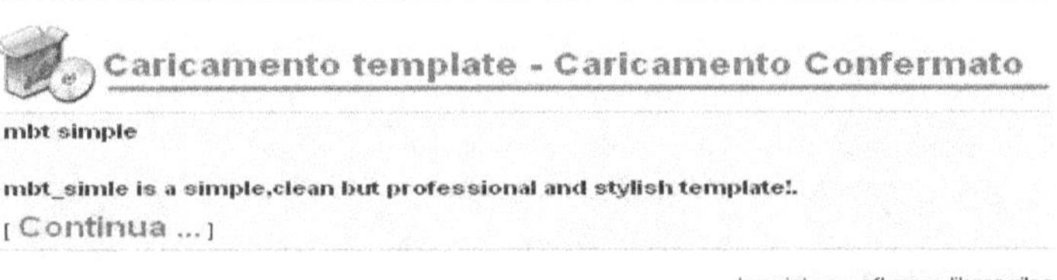

Nel caso l'installazione non sia avvenuta correttamente la schermata si presenta semplicemente con la scritta Caricamento fallito.

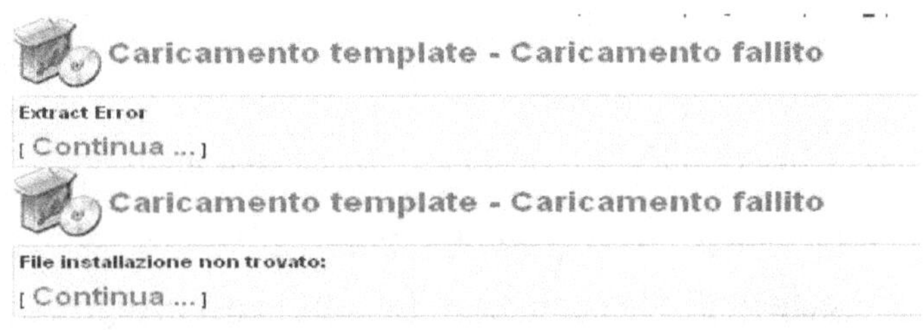

> **ATTENZIONE:** se il caricamento è fallito non è successo niente di grave. I problemi possono essere di svariata natura e **bisogna indagare sui motivi del fallimento**. In questo caso il file d'installazione non è stato trovato (vedi sopra) e pertanto le ipotesi potrebbero essere che il pacchetto dei file era corrotto fin dall'inizio oppure che i file inseriti non sono realmente un'estensione di Joomla!

AZIONE n. 33: seleziona il tuo nuovo template (tema grafico).

Dopo l'installazione corretta se clicchiamo su continua ci ritroviamo in una nuova schermata.

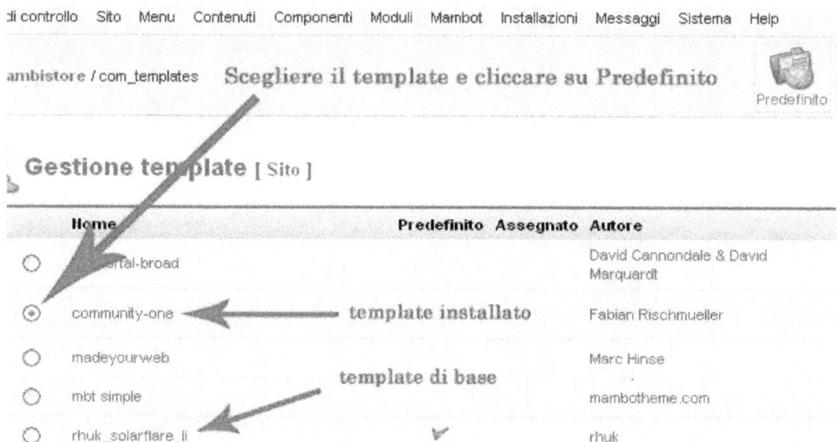

Il template con il nome rhuk_solarflare_ii lo troverai di base (default) su ogni installazione di Joomla!, il template che ho appena installato si chiama community-one. A questo punto non ci rimane che rendere il template scelto come predefinito, questo semplice passaggio lo facciamo spuntando il template scelto con il pallino verde e cliccando su Predefinito. L'ottenere lo spostamento del segnale verde sul nuovo template indica che la nuova grafica è attiva sul sito.

La schermata per la gestione dei template, si può raggiungere anche tramite questo percorso: Sito>Gestione template>Template del sito:

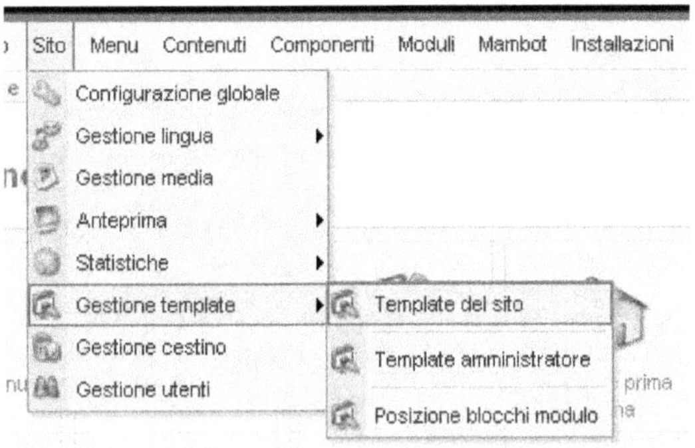

AZIONE n. 34: visiona il tuo nuovo tema grafico.

Ora andiamo a verificare il nostro nuovo tema grafico. Possiamo raggiungerlo digitando l'indirizzo del sito (in locale nel nostro caso): lo troviamo su http://localhost/joomla mentre in remoto su http://www.autoricambistore.com.

> **ATTENZIONE**: l'indirizzo www.autoricambistore.com è di mia proprietà e durante tale corso cercherò di strutturalo da zero insieme a te in modo da guidarti passo a passo alla creazione di un sito e-commerce. Tale sito prenderà forma man mano che citerò le varie azioni che ti indicherò di effettuare. Al momento dell'acquisto di questo corso può essere che siano passati diversi mesi e può succedere che autoricambistore.com presenti dei cambiamenti grafici e strutturali.

Per raggiungere ancora più velocemente l'home page dal pannello amministrativo clicchiamo **su Anteprima:**

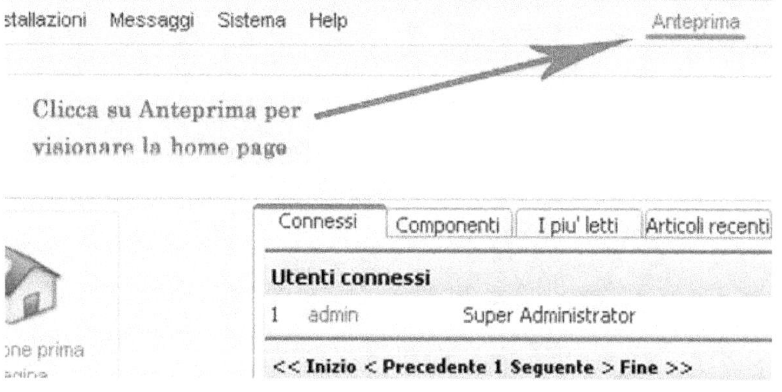

Ecco il nostro sito completamente rinnovato, non è fantastico?!

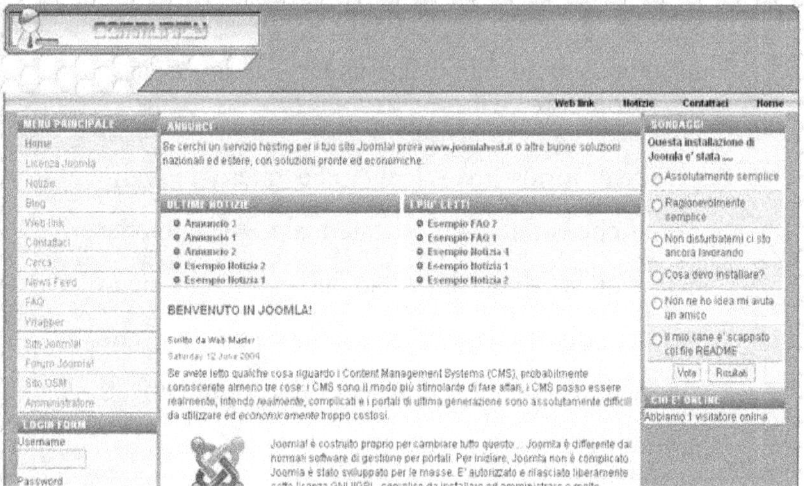

Chiaramente in qualsiasi momento possiamo cambiare il template e ottenere una nuova veste grafica con pochi click e in pochi secondi...

LEZIONE 7:

La gestione amministrativa del sito

Il pannello amministrativo di Joomla! è molto vasto, già di default (di base) le sue performance e le funzioni disponibili sono tantissime, inoltre le decine di centinaia di estensioni presenti in rete rendono la potenziale grandezza di Joomla! quasi incalcolabile!

AZIONE n. 35: prendi dimestichezza con l'amministrazione di Joomla!

ATTENZIONE: come già detto, Joomla! è un software che ha una potenziale grandezza quasi incalcolabile, pertanto in questo ebook saranno trattate solamente le funzioni principali. Il mio invito è di sperimentare e provare anche le funzionalità che non tratterò in tale corso.

Questo corso è incentrato sulla creazione di un sito web prettamente e-commerce, pertanto molte funzionalità di Joomla! saranno tralasciate.

Ora diamo un'occhiata agli aspetti principali del pannello amministrativo.

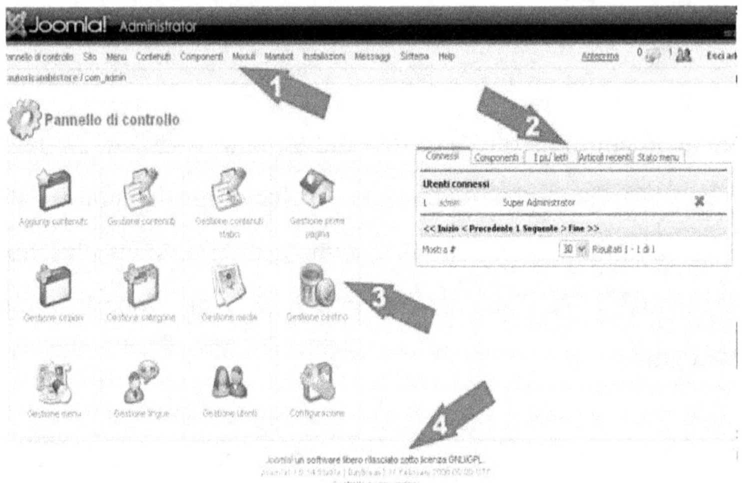

ATTENZIONE: il pannello amministrativo potrebbe subire nel corso tempo dei mutamenti dovuti alle nuove versioni rilasciate, pertanto l'immagine di sopra potrebbe essere leggermente differente rispetto al tuo pannello amministrativo.

ZONA 1: nella zona superiore troviamo la barra dei menu di

Joomla!, qui sono presenti tutti i comandi e tutte le funzionalità.

ZONA 2: in questa zona sono presenti informazioni utili per l'amministratore: i componenti attivi e presenti, statistiche delle visite in ordine di lettura, gli ultimi articoli pubblicati ecc.

ZONA 3: in questa zona si trovano le icone con le funzionalità più importanti e quelle che vengono maggiormente utilizzate. È utile per compiere operazioni veloci senza ricercare la funzione nella barra superiore (AREA 1).

ZONA 4 : in questa zona troviamo le informazioni sulla versione di Joomla! che stiamo utilizzando, inoltre è disponibile un link per verificare la presenza di nuove versioni. In alcune versioni in quest'area sono anche presenti informazioni sulla sicurezza tramite messaggi di allerta per avvisare l'amministratore che vi sono dei parametri del server che andrebbero controllati. Vista la vastità del pannello, inizialmente potrebbe apparire un po' difficoltosa e robotica la ricerca delle funzioni che c'interessano, ma ti assicuro che facendo un po' di pratica riuscirai a trovare immediatamente ciò che ti serve, Joomla! infatti grazie alla moltitudine di icone e disegni presenti al suo interno è molto facile da apprendere. Provare per credere….

AZIONE n. 36: impara a usare le icone di salvataggio e uscita dell'amministrazione.

Durante le varie operazioni che effettuerai in Joomla!, spesso incontrerai tali icone:

Per salvare è necessario cliccare sul dischetto, il pulsante centrale con il segno di spunta applica le nuove funzioni o modifiche senza uscire dalla videata in cui si sta lavorando. L'informazione più importante che voglio darti è l'indispensabile uso dell'icona X (chiudi), infatti, **in Joomla! è VIETATO usare il bottone indietro del browser nel caso in cui si voglia abbandonare l'operazione attuale per ritornare a quella precedente,** pertanto in qualsiasi caso tu voglia uscire dalla schermata e tornare in altri punti di Joomla! è indispensabile l'uso dell'icona X.

AZIONE n. 37: inserisci i dati nella Configurazione globale.

Un passo importante per ottimizzare il sito al meglio secondo le proprie esigenze è la **Configurazione globale** del sito.

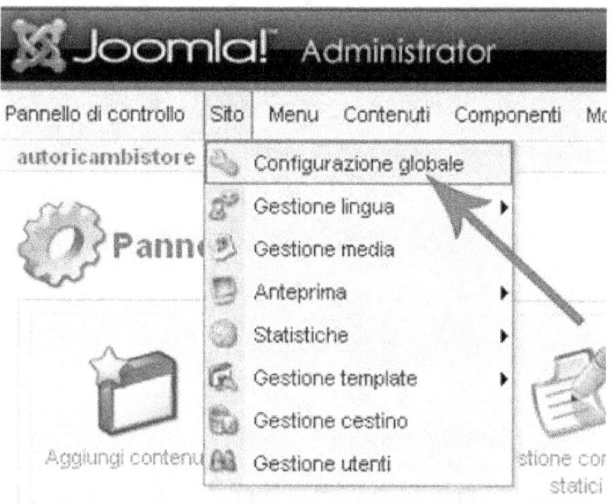

Raggiungiamo così il pannello amministrativo interno della Configurazione globale chiamato Configurazione generale.

CONFIGURAZIONE GLOBALE>>SITO

La prima cosa che occorre subito verificare è se il file **configuration.php** è scrivibile, ce ne accorgiamo semplicemente con la scritta verde Scrivibile o rossa Non Scrivibile.

Se il file è scrivibile le modifiche che apportiamo vengono iscritte nel codice, se invece non è scrivibile non possiamo apportare nessuna modifica.

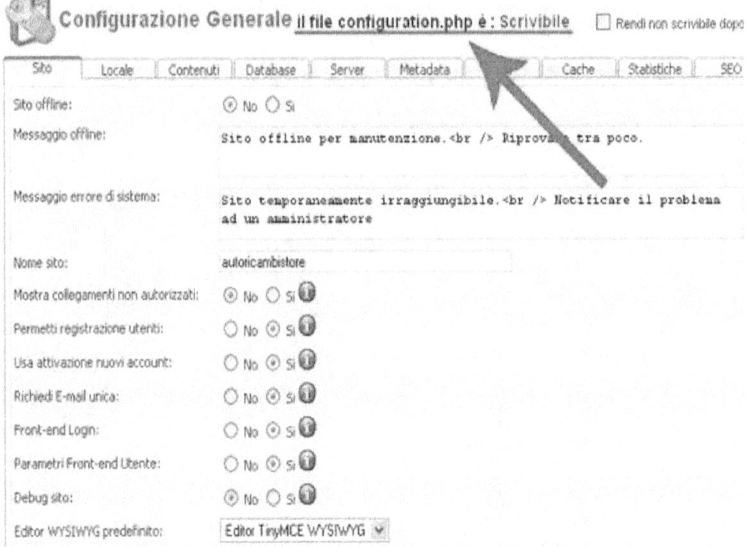

> **ATTENZIONE**: il file configuration.php potrebbe essere Non Scrivibile, questo è dovuto a permessi di scrittura non esatti presenti nel file stesso. Per ovviare al problema, bisogna risolvere operando

> delle modifiche direttamente sul file, questo passaggio lo spiegherò più avanti.

Sito Offline: si può spuntare la scelta su Sì o No, nel caso in cui dobbiamo compiere manutenzione possiamo mettere il Sito offiline spuntando "Sì" in modo da bloccare l'accesso del front-end.

Inoltre è possibile inserire un Messaggio offline che sarà visualizzato dal visitatore del sito.

Sito offline: No   Si

Messaggio offline: Sito offline per manutenzione.
 Riprovare tra poco.

Messaggio errore di sistema: qui possiamo inserire un messaggio che visitatori leggeranno in caso di anomalie al database o al server.

Nome Sito: in questo campo inseriamo il nome del sito che verrà visualizzato sul titolo di tutte le pagine del sito.

Impostazione utenti: qui sono presenti una serie d'impostazioni (on/off) che gestiscono i nuovi utenti e monitorano le registrazioni.

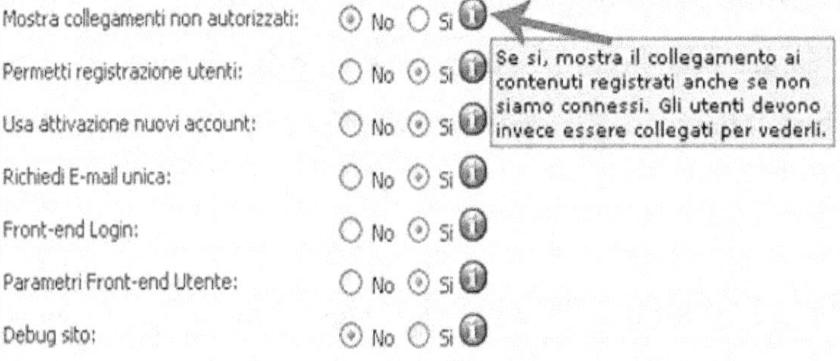

Sono comandi abbastanza semplici da impostare in base alle proprie esigenze, in ogni caso il cerchio con la I (tooltip), che si attiva al passaggio del mouse, ti fornisce informazioni utili sulla funzione.

Editor WYSIWYG predefinito: l'editor è un software che rende possibile la scrittura e la creazione avanzata di contenuti, lo usi in Joomla! ogni volta che crei un articolo. È possibile installare mambot (plug-in) che fungono da ulteriori editor più avanzati, per rendere effettivo il funzionamento di tale mambot bisogna confermarlo in tale opzione!

Lunghezza liste: tratteremo quest'argomento nella gestione dei contenuti, esso serve semplicemente a definire quanti articoli devono essere presenti in una pagina.

Icona preferite del sito (favicon): la favicon è la piccola icona che appare prima dell'indirizzo web, in Joomla! è presente un'icona universale ma noi possiamo sia eliminarla sia creane una nuova.

CONFIGURAZIONE GLOBALE>>LOCALE

In questo pannello del menu sono presenti le impostazioni per la lingua di front-end e quelle del controllo del Time Offset che ha a che fare con la correzione oraria da effettuare nel caso il server sul quale risiede il nostro sito sia in una nazione diversa dalla nostra.

CONFIGURAZIONE GLOBALE>>CONTENUTI

Il pannello dei Contenuti presenta una serie d'impostazioni da assegnare su *nascondi/mostra,* con tali impostazioni si dà la possibilità di far apparire o meno le voci elencate nei contenuti. Spesso queste informazioni sono utili nella creazione d'articoli stile blog, a volte invece la loro presenza, specie in pagine con alto contenuto grafico, crea delle stonature alla pagina e per tanto è opportuno impostare su tali impostazioni su *nascondi.*

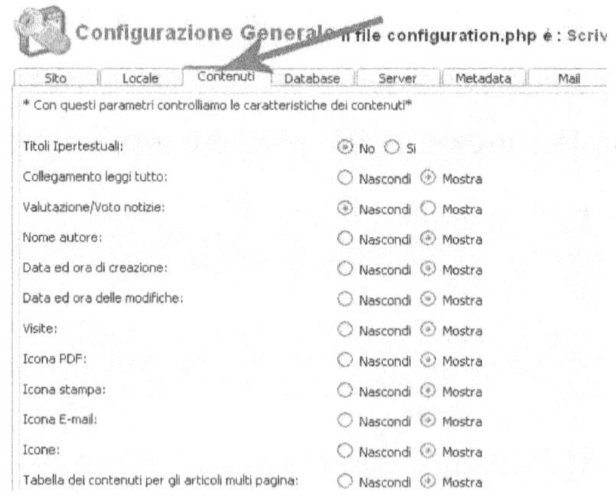

ATTENZIONE: questi parametri influenzano tutti i contenuti presenti nel sito.

In realtà durante la creazione dei contenuti possiamo impostare questi comandi al solo contenuto che stiamo creando, infatti nel pannello della creazione contenuti è presente una schermata simile a questa.

Il consiglio è di lasciare su *mostra* la maggior parte di questi parametri nel *pannello generale* (vedi foto) e di modificare la visione delle impostazioni solo nei contenuti che ci interessano, durante la sua creazione.

CONFIGURAZIONE GLOBALE>>DATABASESERVER

Qui si trovano i parametri di configurazione del server.

Vanno modificati sono in caso di necessità e solo se si è in grado di apportare delle modifiche, errori grossolani possono compromettere il funzionamento di tutto il sito.

CONFIGURAZIONE GLOBALE>>METADATA

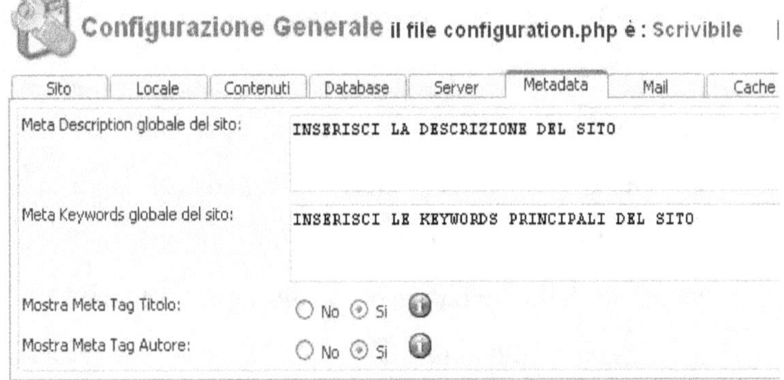

Qui possiamo inserire la descrizione del sito, essa apparirà sui motori di ricerca. Inoltre, possiamo inserire le keyword principali del sito.

> **ATTENZIONE**: In questa sezione bisogna inserire solo le keyword principali o meglio le keyword madri del sito, di solito non sono più di tre. Un consiglio SEO è di non inserire più di tre keyword in questa sezione poiché tutte le keyword inserite le ritroveremo in tutti i contenuti che creiamo, e questo non è ottimale per i motori di ricerca. Ogni contenuto creato presenta un'apposita sezione per l'inserimento delle keyword specifiche al contenuto.

CONFIGURAZIONE GLOBALE>>MAIL

Permette l'inserimento dell'e-mail dell'amministratore, necessaria per i contatti ed eventuali altre risorse che necessitano della e-mail.

CONFIGURAZIONE GLOBALE>>CACHE

Qui è possibile attivare o disattivare la chache del sito, di base (default) è spenta. La cache serve a regolare i tempi di refresh dei dati prelevati dal database. Serve solo per particolari necessità, è meglio non attivarla perché affatica il server.

CONFIGURAZIONE GLOBALE>>STATISTICHE

Joomla! presenta un sistema sofisticato di statistiche, purtroppo è sconsigliabile il suo uso perché genera un numero eccessivo di *query* al database e alcuni hosting ne vietano l'utilizzo. È consigliabile usare componenti sulle statistiche per Joomla!, alcuni di essi sono davvero ottimi.

CONFIGURAZIONE GLOBALE>>SEO

Questa scheda serve a creare delle modifiche automatiche nel codice volte allo scopo di migliorare le URL e i titoli delle pagine. È una funzione molto utile per migliore l'indicizzazione sui motori di ricerca. Per mettere in funzione tale parametro è necessario eseguire due semplici operazioni:

1   Selezionare "sì" su Search Engine Friendly URL.

2   Accedere via Ftp alle cartelle di Joomla! del nostro sito e cambiare il nome del file htaccess.txt in .htaccess , è molto importante **rinominare il file in (punto)** htaccess con il punto iniziale prima della parola.

AZIONE n. 38: rinomina il file hatccess e verifica tutte le funzionalità.

ATTENZIONE: accertarsi che tutto funzioni come prima. Possiamo, a volte, incontrare dei problemi e il sito potrebbe addirittura non apparire più online, per ovviare subito al problema basta rinominare nuovamente il file e impostare nuovamente la voce No sul Search Engine Friendly URL.

Alcuni Server non consentono l'utilizzo dell'htaccess o possono avere delle restrizioni in merito. Bisognerebbe chiedere informazioni al proprio provider per assegnare al meglio tale funzione in caso di malfunzionamento.

Come già detto varie volte Joomla! ha un bagaglio di funzionalità molto ampie, il mio scopo è farti prendere dimestichezza con le basi del CMS.

LEZIONE 8:

Il potere dei contenuti per la visibilità

Per la creazione di un sito e-commerce, la creazione di contenuti stile blog o informazioni generiche sull'argomento del sito possono trascendere l'e-commerce stesso.

La maggior parte dei siti e-commerce presenta solo un catalogo con descrizione e caratteristiche dei prodotti, questo non vuol dire che un blog o delle sezioni di conoscenza aggiuntive rovinino il sito di commercio elettronico, anzi i vantaggi sono molti: migliore indicizzazione dei contenuti, clienti che ritornano sul sito più spesso, potenziali clienti che s'interessano prima ai contenuti e poi ai prodotti, maggiore professionalità ecc.

Detto ciò, ho deciso di dedicare un'intera lezione alla creazione dei contenuti, in questa maniera non solo riuscirai a creare maggiore visibilità al tuo sito ma potrai imparare a creare blog e siti di ogni genere…

> **ATTENZIONE**: i contenuti non hanno nulla a che fare con i parametri per la creazione del sito e-commerce, tutto ciò che servirà alla creazione del catalogo e i relativi contenuti dei prodotti sarà trattato nelle prossime lezioni. Questa lezione completa la panoramica generale dell'uso di Joomla!

Dal menu principale del pannello amministrativo puoi giungere alla schermata per la gestione dei menu:

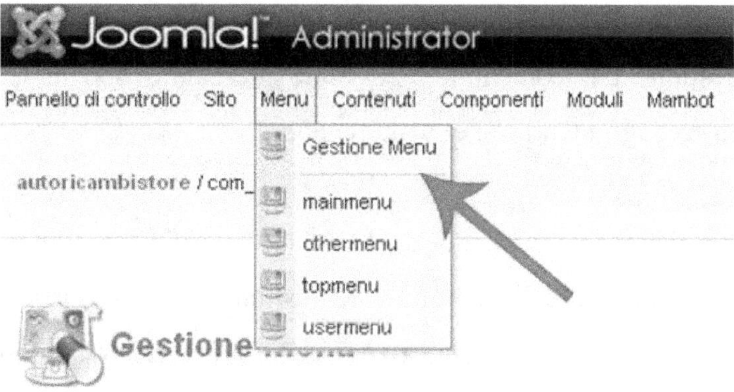

Di default (di base) Joomla! presenta quattro menu diversi: il mainmenu, othermenu, topmenu, e usermenu.

Naturalmente questi menu possono essere identificati con nomi diversi semplicemente dando loro il nome desiderato.

Ognuno di questi menu ha una sua particolare posizione ed è supportato da un MODULO, infatti ogni volta che creiamo un MENU viene creato automaticamente un **modulo per il posizionamento;** questo lo vedremo tra poche righe.

AZIONE n. 39: comprendi come gestire i contenuti.

La gestione dei contenuti riveste uno dei principali aspetti che un Webmaster dovrebbe conoscere a menadito su un CMS. Tramite la gestione dei contenuti è possibile presentare notizie, FAQ, news ecc. agli utenti che ci visiteranno.

La gestione dei contenuti di Joomla! è considerata dinamica, questo vuol dire che tutta la **gestione avviene con una suddivisione per sezioni e categorie.** In questo modo è possibile organizzare e catalogare centinaia di contenuti evitando il rischio di fare confusione o perdere di vista ciò che si è creato. Questo è lo schema d'organizzazione:

LA GESTIONE DEI CONTENUTI

> **ATTENZIONE**: non c'è assolutamente nessun limite numerico per la creazione di sezioni, categorie e contenuti, non è solamente possibile creare altre sottocategorie oltre quelle già esistenti: le **sezioni e le categorie.**

AZIONE n. 40: crea la tua prima sezione, categoria e contenuto.

Per iniziare a lavorare su un contenuto è necessario creare una sezione e una categoria dedicata. Inizialmente potresti fare confusione sulla gestione dei contenuti, per questo ti incito a fare

molte prove in merito. Per visualizzare un contenuto è necessario seguire un itinerario preciso:

(1) Crea il menu che conterrà i vari contenuti attinenti al tema.

(2) Crea una sezione dedicata all'argomento.

(3) Crea una categoria dedicata all'argomento.

(4) Crea il contenuto o i contenuti attinenti.

(5) Crea la voce di menu e collega i contenuti.

(1) Il primo passo fondamentale è la creazione del menu e del modulo che conterrà tale menu.

Il nome del menu che io userò è STORIA DELLE AUTO, voglio creare delle pagine web che spiegano la storia delle varie marche di auto attuali e passate. Facendo questo, oltre il classico e-commerce, sicuramente **riuscirai a ottenere più visitatori dai motori di ricerca e più utenti curiosi che si soffermano sul sito**. Come ho già detto, è **importantissimo coinvolgere il pubblico,** questo si può fare con news stile blog o con contenuti "statici" che danno info al potenziale cliente.

AZIONE n. 41: crea la tua prima voce di menu.

Nella schermata per la gestione dei menu procediamo a creare un nuovo menu:

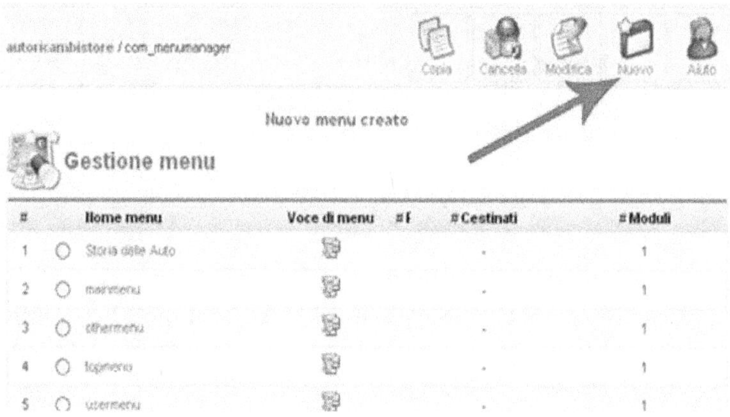

Appare la semplice schermata per la creazione del Nome menu e il Titolo modulo, che darà la posizione e la visualizzazione del menu.

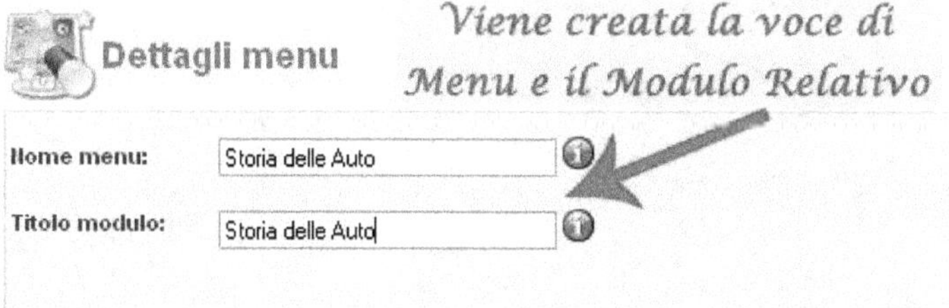

Dopo la creazione del menu è possibile osservare, nel pannello per la Gestione dei moduli, l'automatica creazione del modulo.

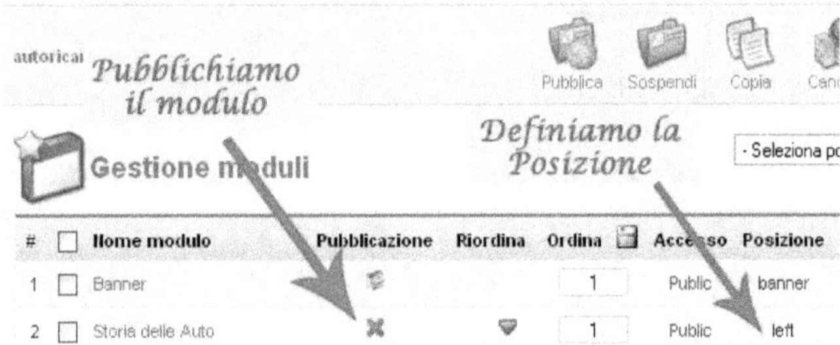

Per la visualizzazione è necessario pubblicare il modulo e indicare la posizione preferita, in questo caso sarà la posizione left. È possibile osservare nel sito la creazione del nostro primo menu, in esso sarà possibile inserire articoli attinenti.

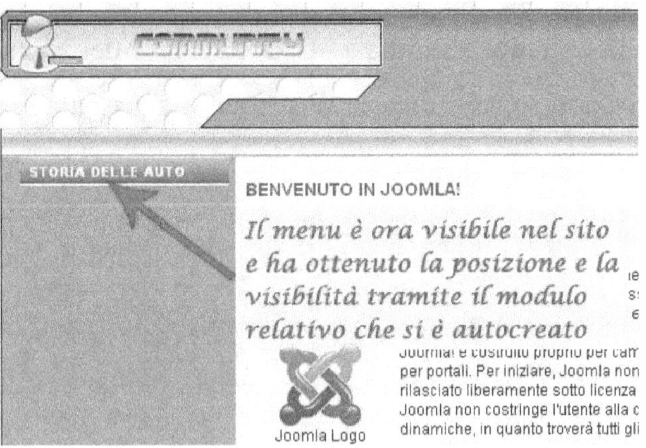

Una volta creato il menu, è indispensabile comprendere come

creare e gestire le sezione, le categorie e i contenuti di Joomla!

(2) Il secondo passo è creare una sezione. La sezione deve avere un nome che **indica generalmente il tema che sarà trattato nei contenuti,** ad esempio io ho dato il nome identico al menu **STORIA DELLE AUTO**. Questo nome è abbastanza generico ma delimita un particolare argomento: *La storia delle automobili.*

AZIONE n. 42: crea la prima sezione del sito.

Puoi raggiungere l'area per il controllo delle sezioni cliccando sull'icona Gestione sezioni.

Il pannello ci mostra tutte le sezioni disponibili

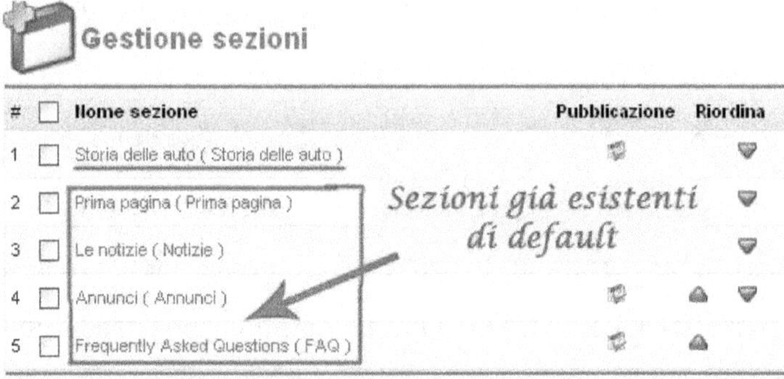

Ho già creato la sezione Storia delle auto, le altre sezioni sono già esistenti di default (di base) nella prima installazione di Joomla! e servono da esempio, possono essere cancellate in qualunque momento, ti consiglio di lasciarle fino a quando non hai preso un po' di dimestichezza con tutto il sistema.

Naturalmente la creazione della sezione avviene cliccando, come al solito, sull'icona Nuovo. Basta inserire il titolo della sezione a compilare i dettagli che preferiamo, al nostro scopo basta semplicemente dargli un Nome.

(3) Il terzo passo consiste nella creazione della categoria. La categoria deve avere un nome meno generico, deve in un certo qual modo restringere il campo di ricerca, ad esempio in questo caso il nome della mia categoria è *Storia Alfa Romeo*. Con questo nome so che all'interno della sezione Storia delle auto c'è la categoria *Storia alfa romeo* e chiaramente posso inserirci la categoria *Storia Bmw, Storia Citroen, Storia fiat* ecc. Rendo l'idea? È importante che tu capisca questo sistema di catalogazione fin dall'inizio, io inizialmente ho creato una gran confusione e non vorrei accadesse anche a te!

AZIONE n. 43: crea la categoria attinente al contenuto.

La creazione delle categorie è identica alla creazione della sezione, solo che questa volta è importate stabilire la sezione che dovrà contenere tale categoria. Il resto dei parametri può essere tralasciato e l'area della descrizione, al momento, per il nostro scopo non interessa.

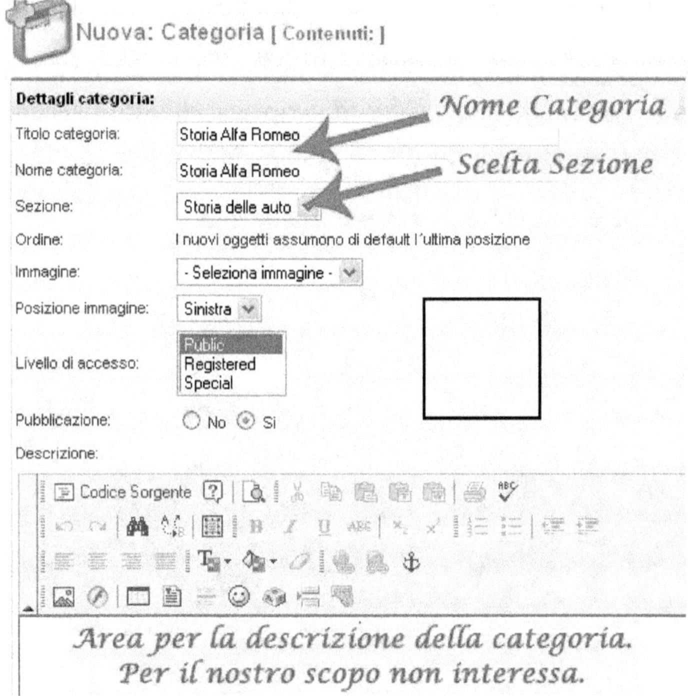

Naturalmente salviamo il tutto al fine di rendere le impostazioni operative.

(4) Il quarto passo è quello che ci porterà a visualizzare la pagina

web, la news, l'articolo o tutto ciò che concerne il contenuto stesso.

Recati al solito pannello di controllo e clicca su Aggiungi contenuto, si aprirà la schermata relativa.

È molto importante l'inserimento della sezione e della categoria relativa al contenuto.

Al centro è presente il pannello per la creazione dei contenuti, da qui è possibile inserire immagini, clip art, link testuali, formattare il testo ecc.

Naturalmente dipende molto da che tipo di contenuto vuoi realizzare; un contenuto stile blog sarà differente da un contenuto informativo statico, pertanto sta a te decidere cosa creare in base all'esigenza. Io spesso, per mia comodità e velocità, uso la funzione HTML. Creo il mio contenuto in programmi tipo Dreamweaver, che mi permettono di gestire al massimo tutte le risorse grafiche e programmatiche, e riporto il codice nell'editor testuale HTML presente nel pannello di controllo del mambot installato.

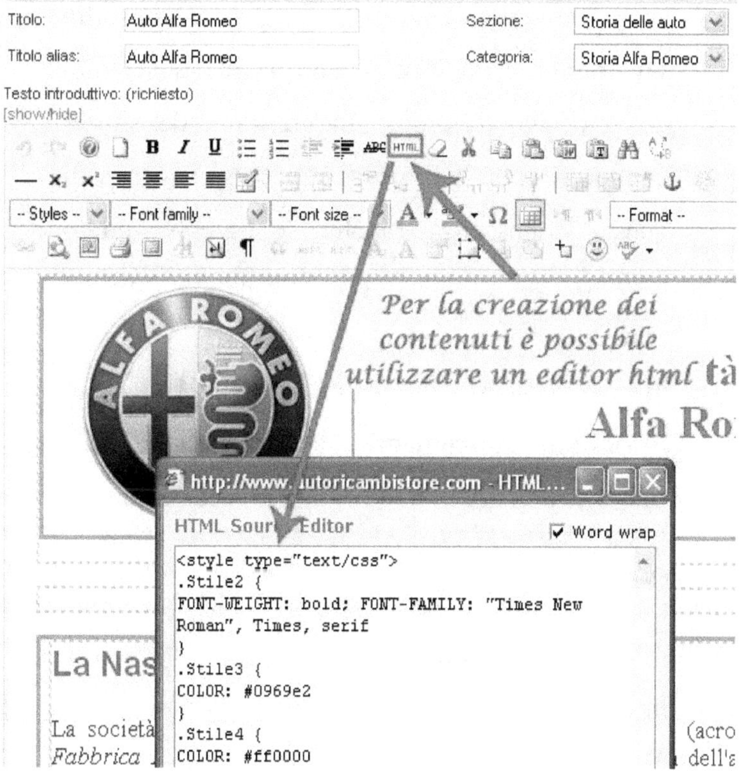

> **ATTENZIONE**: consiglio di usare questo tipo di sistema, ma **è necessario saper utilizzare editor visuali HTML** come Dreamwever e simili. Purtroppo la conoscenza e l'uso del web design è indispensabile per creare effetti grafici d'impatto con Joomla!, come lo è in qualunque caso. Se non sai usare questi tipi di programmi **ti consiglio vivamente d'iniziare a comprenderli** se vuoi davvero lavorare online. La creazione del sito e-commerce non ha bisogno necessariamente di questa conoscenza (anche se sarebbe molto gradita) per altro i tuoi contenuti possono tranquillamente essere "scarni" di grafica e magari con testo di qualità. Potresti benissimo **ovviare a tale problema creando contenuti stile blog** che non necessitano di grafica eccessiva.

Prima di passare all'ultimo punto per la finale visualizzazione del contenuto, ritengo opportuno introdurre la differenza tra un *contenuto statico* e un *contenuto dinamico*. In Joomla! è possibile decidere che tipo dei due contenuti sfruttare, a seconda dell'esigenza.

AZIONE n. 44: comprendi la differenza tra contenuto dinamico e contenuto statico.

Il contenuto dinamico è quello che abbiamo appena visto, è identificato come dinamico perché presenta certe caratteristiche di dinamismo. La natura essenziale di questi contenuti è che essi sono catalogati e organizzati secondo uno schema specifico, in questo modo è possibile richiamarli dinamicamente, inoltre essi sono sfruttati in *gruppi di categorie*. Ad esempio, in un blog, è necessario avere una particolare catalogazione dei documenti, a volte può essere necessario rendere visibili alcuni particolari *gruppi di categorie*. In sostanza il particolare vantaggio dei *contenuti dinamici* è la facilità di recupero che si ottiene dalla loro schematica organizzazione.

Il contenuto statico è utile in determinate circostanze. La differenza con il dinamico è che **esso è un documento a sé stante,** non soggetto a frequenti cambiamenti e che **non appartiene a nessuna sezione o categoria.**

Questi contenuti sono molto utili per le sezioni del sito che saranno per l'appunto statiche, in pratica che non subiranno cambiamenti. I contenuti statici **dovrebbero essere i più importanti,** poiché sono sempre visionabili dagli utenti in qualunque momento. Ad esempio, un contenuto statico può essere una pagina di FAQ, la pagina "chi siamo", la pagina di presentazione, la pagina dei contatti ecc.

Dalla barra principale del pannello amministrativo raggiungiamo la schermata dei contenuti statici.

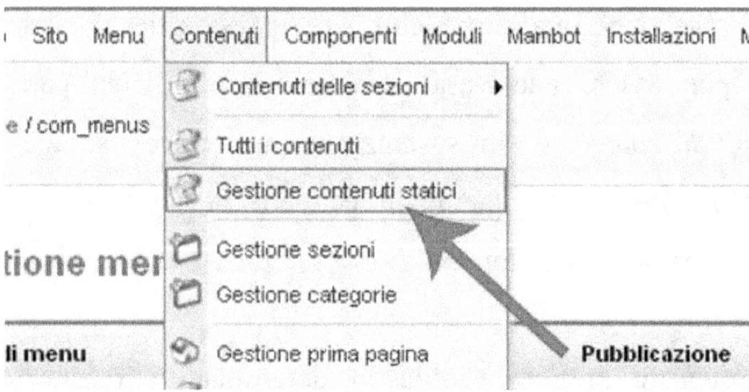

Puoi raggiungerla anche dalle icone del pannello, presenti in bella vista al centro dell'home amministrativa.

Di default (di base) è presente un contenuto statico: Licenza Joomla! e linee guida.

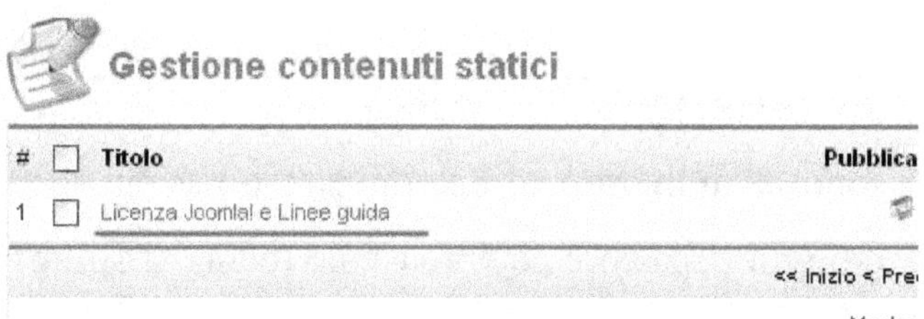

La procedura per l'inserimento del contenuto statico è praticamente quasi identica a quella utilizzata per i contenuti dinamici.

C'è una particolare differenza che è importante sottolineare, **non sono presenti le sezioni e le categorie**, inoltre non è presente il bottone Pubblica in prima pagina, questo perché stiamo creando un contenuto che ha non nessun limite temporale, infatti è statico.

> **ATTENZIONE**: i contenuti statici e dinamici sono da utilizzare in determinate occasioni, per motivi di spazio e comprensione (come al solito) non posso dilungarmi troppo. Con il tempo ti risulterà facile decidere che tipo di contenuto utilizzare in base alla relativa necessità, l'importate è tentare a provare molte volte.

(5) Il quinto e ultimo passo darà come risultato la visualizzazione finale del contenuto in home page.

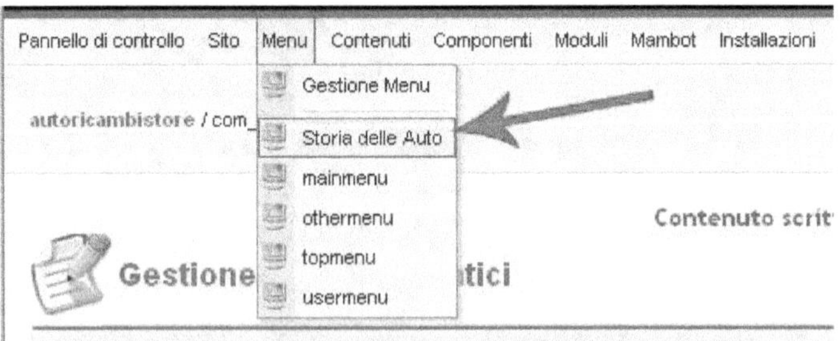

AZIONE n. 45: visualizza i vari parametri dei contenuti.

Si apre una particolare schermata, in essa bisogna decidere che funzione apportare al contenuto, vi è una suddivisione in cinque zone che raccolgono tutto quello che è possibile collegare all'interno del sito stesso.

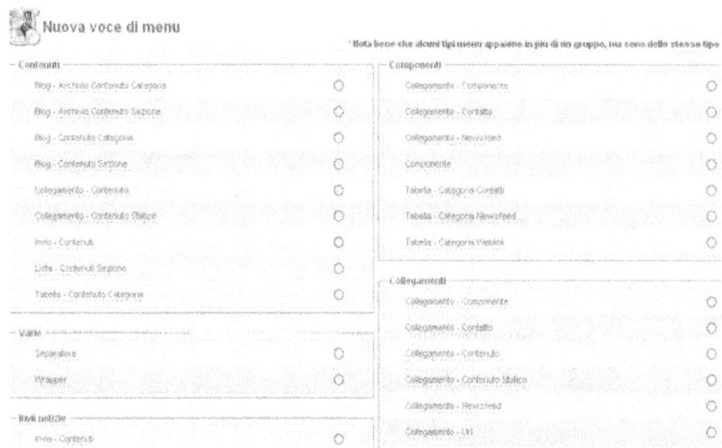

Queste cinque zone contraddistinguono la selezione di:

- Contenuti.

- Componenti.

- Possibilità varie.

- Linkaggio notizie.

- Link a pagine interne ed esterne.

In pratica Joomla! ci richiede la funzione che deve associare alla voce di menu. **Ogni voce di menu può contenere uno dei cinque elementi sopra citati.**

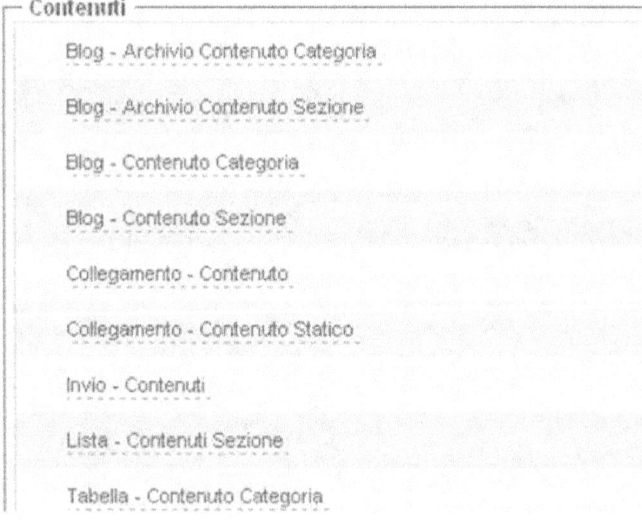

- **Blog:** la voce blog serve per richiamare contenuti archiviati nelle categorie o sezioni. Selezionando tali funzioni blog il contenuto sarà trattato in maniera particolare, in stile blog. In pratica viene mostrata solo una parte dell'articolo (quattro o cinque righe) e al temine viene mostra un messaggio: **leggi tutto.** Cliccando si attiva la completa visualizzazione del contenuto. Con questa funzionalità su una pagina posso essere visualizzati anche decine di articoli differenti.

- **Collegamento contenuto o contenuto statico**: è possibile collegare un contenuto dinamico nel primo caso e statico nel secondo.

- **Invio – Contenuti**: consente l'invio di contenuti o articoli dagli utenti in front-end.

- **Lista e tabella**: selezionando Lista contenuti sezione viene creato un elenco del contenuto di una sezione, mentre Lista contenuti categorie mostra i contenuti di una singola categoria.

Diamo ora un'occhiata alla tabella dei componenti:

- **Collegamento a Componente Contatto e NewsFeed:**selezionando questi parametri è possibile creare un link nel menu a un'eventuale componente presente, oppure verso la lista contatti o verso i newsfeed.

- **Componente:** dà la possibilità di richiamare uno dei componenti installati

- **Tabella a Contatti, Newsfeed e Weblink:** selezionando tali parametri si può far mostrare una tabella dei contatti, newsfeed o weblink. Può essere molto utile quando sono presenti molti dati e con l'utilizzo delle tabelle si possono estende per tutta la pagina.

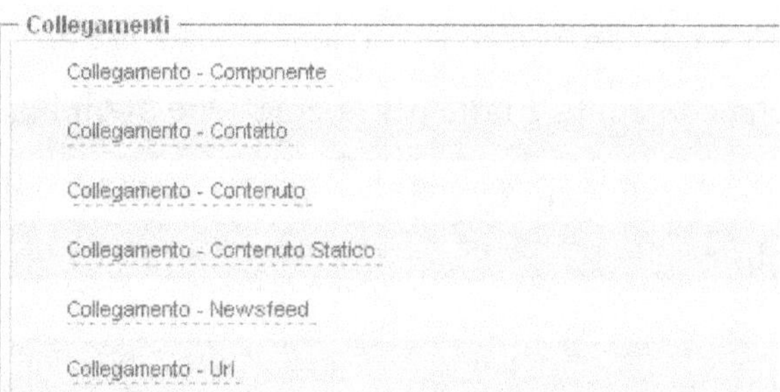

- **Collegamenti:** Joomla! ripete nuovamente i comandi già citati sopra e li ripresenta in blocchi a tema, niente di nuovo in questa tabella di comandi.

- **Varie – Separatore:** ha solo un valore estetico e serve a separare le voci con una line orizzontale.

- **Varie – Wrapper:** Joomla! dà la possibilità di aprire finestre di una qualsiasi pagina web (anche di un altro sito) dentro alla pagina web desiderata, tecnicamente questa finestre sono chiamata iFrame.

- **Invio Contenuti:** è la ripetizione della funzione vista nella tabella contenuti, è utile per la creazione di un link nel front-end che rende possibile la creazione dei contenuti agli utenti.

Ora che abbiamo visto tutte le varie possibilità disponibili, scegliamo quella più idonea al nostro caso.

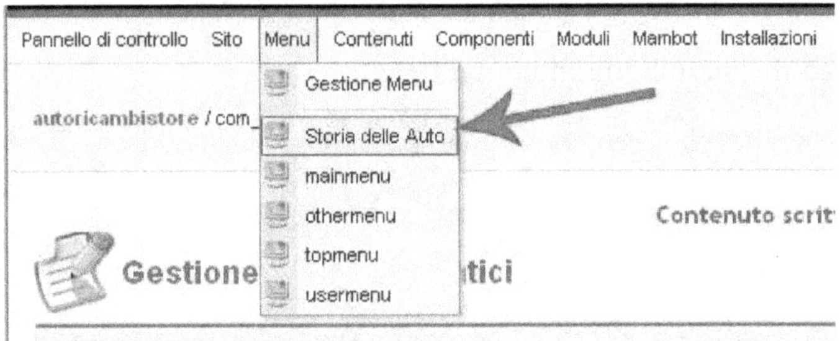

Ritorniamo alla visualizzazione della tabella delle opzioni. Selezioniamo il link Collegamento – Contenuto ed entriamo nella schermata per il controllo del collegamento stesso:

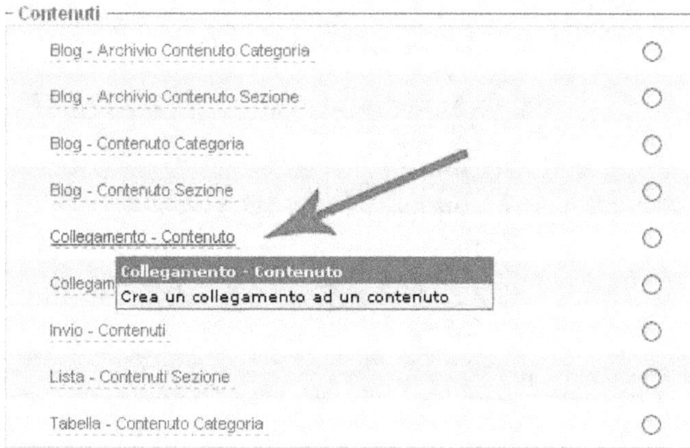

AZIONE n. 46: crea il primo collegamento a un contenuto.

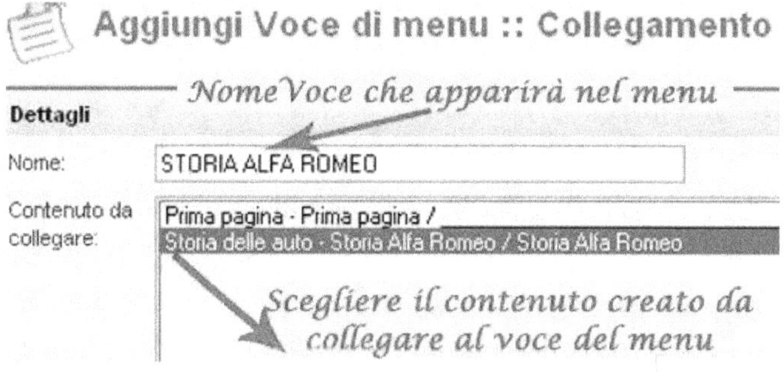

Altri parametri importanti da completare sono la scelta della modalità per l'apertura della pagina, la posizione della voce di menu e chi può visualizzare il contenuto.

Una volta dopo aver finito di completare tutti i parametri, possiamo visualizzare la nuova voce di menu in home page.

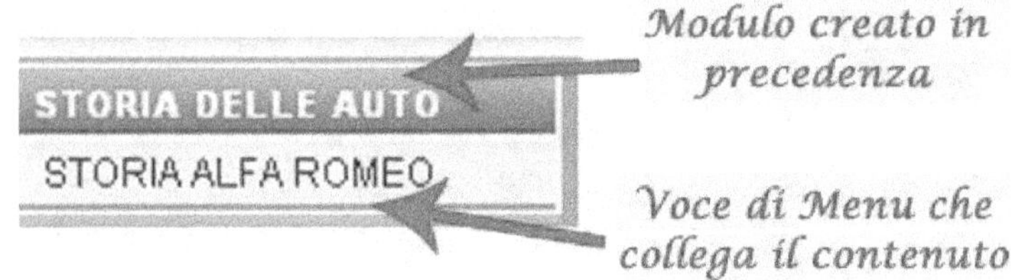

Cliccando sulla nuova voce di menu STORIA ALFA ROMEO è possibile visionare il contenuto creato in precedenza.

Sotto tale voce è possibile inserire una serie di voci attinenti al menu STORIA DELLE AUTO, in questo caso io ho creato delle voci con diverse marche di auto.

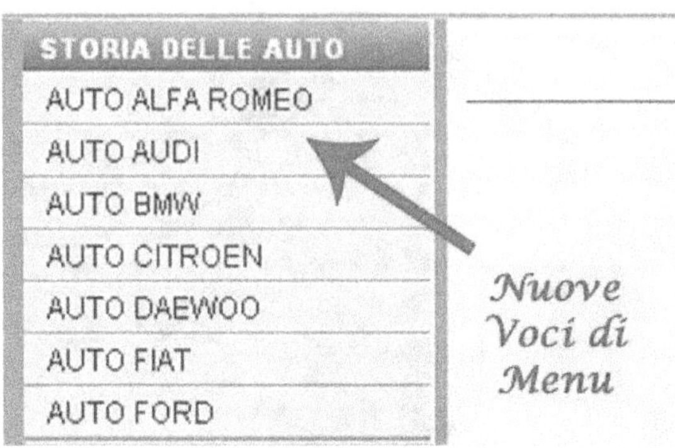

ATTENZIONE: in questo momento la sola voce di menu che prevede un reale contenuto è AUTO ALFA ROMEO, le altre voci, ora, mentre scrivo scrivo questo ebook, sono vuote. Pertanto, in futuro, quando acquisterai questo ebook, probabilmente sul sito http://www.autoricambistore.com potranno essere presenti nuove voci o nuovi contenuti che con il tempo ho deciso creare o modificare.

Per quanto riguarda le più funzionalità presenti nella creazione dei contenuti, sta a te provare e sperimentare nuove soluzioni, per qualsiasi aiuto è a disposizione la solita community mondiale di Joomla!.

LEZIONE 9:

Joomla e VirtueMart per il sito e-commerce

Joomla!, di base, ha lo scopo di creare e gestire contenuti. In realtà non è in grado, da sola, di creare un sito e-commerce: un sito di commercio elettronico deve avere delle particolari caratteristiche che spesso è difficile creare se non si dispone di una certa dimestichezza con alcuni linguaggi di programmazione.

Fortunatamente, anche in questo caso, tra la vasta community di Joomla!, qualcuno ha deciso di creare un componente speciale in grado di soddisfare a pieno tutte le caratteristiche di un e-commerce professionale. Il componente in questione si chiama VirtueMart.

VirtueMart è una soluzione completamente gratuita da integrare in Joomla!. Esso è un software open source abbastanza stabile e collaudato e naturalmente è stato creato per sposarsi perfettamente con Joomla!, infatti funziona solo con esso.

VirtueMart è un prodotto altamente professionale e condivide gran parte delle caratteristiche tipiche di un CMS con le caratteristiche peculiari di un software e-commerce.

Come Joomla! anche VirtueMart è scritto in linguaggio PHP e MySQL, anch'esso è facile da installare, amministrare, aggiornare e gestire.

AZIONE n. 47: comprendi e studia le caratteristiche del componente principale: VirtueMart.

Cerchiamo di capire meglio, cos'è VirtueMart?

- VirtueMart nasce per estendere le funzioni di Joomla! al fine di creare un portale e-commerce;
- è un software completamente gratuito (open source);
- è supportato da una vasta community mondiale;
- ha ampie possibilità di personalizzazione grafica;
- può funzionare come semplice catalogo o con carrello;
- il suo valore reale è paragonabile a software che costano migliaia di euro;
- è facile da installare, gestire e amministrare.

Che funzionalità ha VirtueMart?

- può gestire le giacenze di un magazzino;
- può catalogare e organizzare migliaia di prodotti suddividendoli per categorie;
- può gestire la vendita di prodotti digitali (ebook, mp3, software ecc.);
- può gestire gli utenti e creare gruppi;
- può gestire i dati dei clienti, l'IVA, gli indirizzi di consegna, i pagamenti, gli sconti ecc;
- ha funzioni di resoconto vendite e statistiche;
- e altro ancora.

Entrando ancor più nello specifico, vediamo quali sono le caratteristiche salienti:

Prodotti e categorie

- gestione di illimitati prodotti e categorie;
- creazione illimitata di categorie e sotto categorie;
- i prodotti possono essere assegnati a molteplici categorie;
- i prodotti possono essere ordinati a proprio piacimento;

- gestione vendita e download di prodotti digitali(file,mp3,software ecc);
- possibilità di aggiungere attributi ai prodotti per gestire le varianti (taglie e colori);
- gestione dello sconto in percentuale e totale sul prodotto;
- visualizzazione dettagli e immagini per ogni articolo;
- gestione import export dei prodotti e delle categorie in file cvs, txt;
- gestione delle giacenze di magazzino per articolo;
- avvisi al cliente in fase di ordine del sotto scorta per articolo;
- gestione di articoli speciali.

Gruppi di acquirenti e gestione utenti

- è possibile aggiungere acquirenti e aggiungerli a uno specifico gruppo;
- gruppo sconti per gruppo acquirenti;
- prezzi multipli possono essere aggiunti al prodotto ognuno per un gruppo di acquirenti;
- c'è possibilità di mostrare i prezzi a specifici gruppi di

utenti;

- vi è una gestione utente e associazione utenti ai gruppi admin, storeadmin e acquirenti.

Configurazione semplice

- gestione del negozio attraverso un'interfaccia facile e completamente integrata in Joomla!;
- videata di benvenuto con tutte le statistiche del giorno: numero dei clienti, numero di ordini,ultimi 5 nuovi clienti ecc.;
- gestione da front end del negozio senza avere il login nel backend di Joomla;
- gestione di ogni prodotto con una pagina dettagliata.

Spedizioni

- gli acquirenti possono aggiungere indirizzi di spedizione differenti dall'indirizzo di fatturazione;
- aggiunta di corrieri e tariffe specifiche;
- metodi di spedizione personalizzabili.

Imposte e aliquote

- il prezzo del prodotto può essere visualizzato IVA inclusa o esclusa (anche per gruppo utenti);
- gestione di più aliquote IVA;
- gestione del metodo "IVA europea"(aliquota del paese di origine del negozio).

Pagamenti

- gestione dei pagamenti tramite carte di credito;
- gestione della cifratura SSL(128 BIT) e SSL condiviso;
- supporto dei principali gateway di pagamento nazionali ed internazionali (PayPal ecc.).

Ordini

- gestione ordine completa;
- notifica automatica al cliente dello stato dell'ordine via email e opzionale via sms;
- storia del cambio ordine;
- gestione ordine personalizzabile.

Caratteristiche del front end

- i clienti possono ricercare facilmente i prodotti tramite un modulo di ricerca;

- il cliente nella scheda prodotto conosce subito i tempi di spedizione del prodotto;

- il cliente può gestire il suo conto previa registrazione;

- il cliente può vedere tutti gli ordini e lo stato degli ordini.

Com'è possibile vedere questo componente può davvero quasi tutto, giusto per renderci conto di cosa è in grado di fare in maniera pratica, diamo un'occhiata ad alcuni siti e-commerce che utilizzano il tandem Joomla-VirtueMart:

- http://www.tabapitangaviaggi.it/ (e-commerce di viaggi);

- http://www.altainformatica.net/ (e-commerce d'informatica);

- http://www.ilmodellista.it/shop/ (e-commerce di modellismo);

- http://www.polsofonino.it/ (e-commerce telefonino da polso);

- http://www.scaccomattostore.com/ (abbigliamento firmato);

- http://www.propac.it/ (e-commerce prodotti d'imballaggio);

- http://www.hellokittyvalley.com/ (e-commerce accessori hellokitty);

- http://www.miniprice.it (e-commerce piccoli elettrodomestici);

- e tanti altri ancora.

Un servizio molto utile per prendere dimestichezza velocemente con VirtueMart è un sito demo online che ti permette di entrare anche nel pannello amministrativo, il sito in questione è: http://demo.vmitalia.net/vm10/

AZIONE n. 48: prendi dimestichezza con VirtueMart.

Può essere d'aiuto visitarlo, ma naturalmente a breve avrai la base del tuo e-commerce pronta per essere operativa. Innanzi tutto è indispensabile recuperare il file del componente VirtueMart aggiornato, la puoi trovare qui: Pagina dowloand ufficiale. Su questo sito web puoi inoltre trovare molte risorse utili per comprendere meglio come sfruttare tale risorsa.

Prima di tutto è giusto informarti che in rete sono presenti diverse guide su VirtueMart, ti consiglio vivamente di leggerle; questa lezione ha il solo scopo di farti comprendere le potenzialità di tale componente, visto che per spiegarti tutte le funzionalità ci sarebbe bisogno di un corso in aula di almeno una settimana! Alcune guide le puoi trovare a questi link: Guide Virtuemart.

Altri link molto utili sono questi:

- Sito di supporto e download del componente VirtueMart. Ottimo il forum e l'area download, essa propone molti add-ons e aggiunte di funzionalità. Lingua inglese.

  http://www.virtuemart.net

  Sito di supporto a Joomla in lingua italiana con forum dedicato a VirtueMart e area download del componente tradotto in italiano. Accertarsi di scaricare l'ultima versione disponibile.

  http://www.joomla.it

  Sito di supporto e download di Joomla con nutrita area file di tutti i tipi e forum a tema.

  http://www.joomla.org

- Sito del produttore del componente ArtioSEF utilizzato per ottenere gli URL a lettura facilitata, presentato nel corso dei nostri tutorial. Lingua inglese.

  http://www.artio.net

- Template commerciali per ogni esigenza, come quella utilizzata per la nostra area demo. Lingua inglese.

http://www.joomlart.com

- Sicuramente uno dei siti più forniti in tema di template free a livello mondiale. Sicuramente da visitare. Sito in lingua tedesca e inglese. http://www.joomlaos.de
- Sito dell'ottimo programmatore italiano dott. Luca Scarpa che propone alcuni add-ons molto utili. Sua l'estensione per la registrazione al sito con l'accettazione delle norme sulla Privacy, utilizzata all'interno dei nostri tutorial. Da visitare! http://www.luscarpa.eu/

Risorse gratuite:

- **AICEL**: sito dell'Associazione Italiana per il Commercio Elettronico. Vero punto di riferimento per chi desidera essere sempre aggiornato su tutto quello che c'è da sapere su questo argomento. http://www.aicel.it/
- **Commercio Elettronico Italia**: sito dell'Associazione omonima senza scopo di lucro finalizzato a promuovere lo sviluppo del Commercio Elettronico nel nostro paese. http://www.commercenet.it
- **Normativa e-commerce**. Uno dei siti che riportano leggi e norme in materia di commercio elettronico.

http://ecommerce.infogroup.it

- ***Vademecum per il WebMaster v.1.0*** (Pubblicare siti e-commerce rispettando la normativa italiana e europea) di Fabio Bacci, ebook scaricabile gratis dal sito Lulu.com

- ***La disciplina del commercio elettronico. La direttiva 2000/31/CE e la sua attuazione in Italia*** di Giuseppe Briganti. Ebook scaricabile gratis da Lulu.com

- ***Commercio elettronico diretto:*** ebook a cura del sito iusondemand.com. Occorre inserire la propria **e**-mail per riceverlo gratuitamente. http://www.iusondemand.com/

Azione x: installa VirtueMart e visiona l'amministrazione

Naturalmente l'installazione è semplice, come abbiamo visto molte volte in queste pagine, basta installare il componente, e richiamarlo dal solito pannello amministrativo:

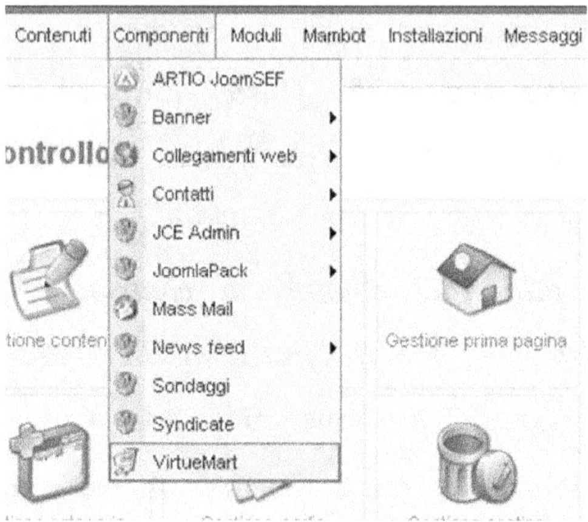

L'amministrazione è veramente molto completa, le funzionalità presenti non hanno nulla da invidiare ai software e-commerce che costano diverse centinaia di euro.

Le versioni ufficiali di VirtueMart, quelle che dovrai scaricare , si presentano in lingua inglese, il prossimo passo fondamentale, se non hai dimestichezza con la lingua inglese, è italianizzare l'ambiente amministrativo.

AZIONE n. 49: italianizza VirtueMart.

Dovrai prima di tutto scaricare il file di lingua, il quale dovrà essere inserito all'interno della cartella language del componente (ricorda che con il passare del tempo i file possono diventare arcaici e quindi è importante verificare e scaricare i file corretti e attuali).

Usando il programma FTP spiegato in precedenza, dovrai arrivare alla cartella languages, seguendo il percorso: administrator> components>com_virtuemart>languagues>Inserisci il file qui:

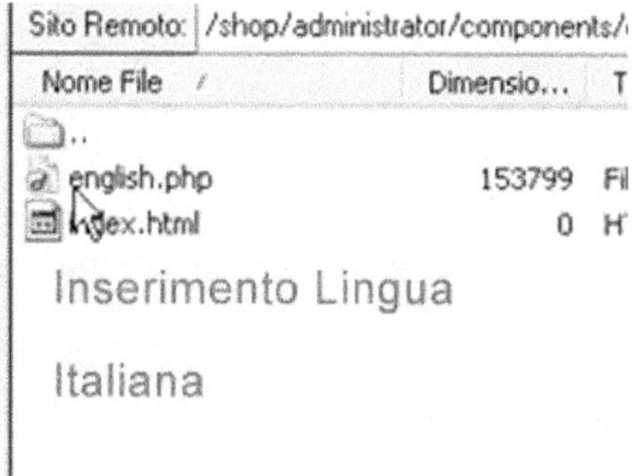

Ti ricordo che il programma FTP lo devi usare se stai lavorando in remoto, se lavori in locale devi individuare la stessa cartella (languages), seguendo lo stesso percorso, e devi inserirci il file che italianizza VirtueMart. Ricorda inoltre che, se non italianizzi VirtueMart perché conosci bene l'inglese, non ci sono problemi, puoi benissimo continuare a lavorare così e puoi creare un sito web in italiano, visto che i contenuti esterni saranno italiani.

Ricapitolando:

1) Scarica il file "Italiano".

2) Apri il programma FTP o la cartella nel tuo pc se lavori in locale.

3) Segui il percorso, partendo dalla cartella administrator (vedi

immagine)administrator > components > com_virtuemart > languages > file lingua.

4) Inserisci il file lingua.

5) Chiudi e riapri VirtueMart.

6) Goditi l'amministrazione in italiano.

AZIONE n. 50: inizia a prendere dimestichezza con l'amministrazione di VirtueMart.

I menu amministrativi più importanti, per iniziare a inserire i prodotti e per gestirli al meglio, sono tre:

1) L'amministrazione: le opzioni presenti all'interno della voce di menu "Configurazione" sono davvero numerose; dall'insieme di questi comandi scaturisce il comportamento del sito, vanno quindi valutate con la dovuta calma, in rapporto alle proprie esigenze.

2) Il Negozio: all'interno di questo menu vengono esaminati i settaggi del negozio e le tipologie di pagamento. A scopo d'esempio sono mostrate le regole di pagamento, contrassegno, con bonifico e quella più importante che si appoggia al circuito PayPal per il pagamento con carta di credito. La voce Shipping Module List è stata trattata nei tutorial relativi all'amministrazione, quando si è parlato delle modalità di spedizione e dei relativi setup da effettuare.

3) I prodotti: sicuramente il menu più importante di tutto il programma! Attraverso esso si compiono operazioni essenziali ai fini della buona riuscita delle vendite. È per questo motivo che si concentra il più alto numero di tutorial rispetto alle altre sezioni. Per la buona riuscita è essenziale compiere immediatamente prove ed esercitazioni, prima di procedere con nuovi argomenti! Il resto del menu è essenziale per gestire completamente tutti gli aspetti di un sito e-commerce, essi sicuramente sono i più semplici e con poche opzioni, rispetto ai precedenti: Clienti, Ordini, Produttore, Reports, IVA, Spedizioni e Coupon.

II PARTE

Risorse, strumenti e trucchi per potenziale un sito WEB

GIORNO 1:

L'usabilità dei siti e-commerce

L'argomento dell'usabilità è molto, molto vasto! In queste pagine tratterò **l'argomento incentrandolo ai siti e-commerce** in modo da aiutarti a capire come sfruttare al meglio il potenziale del tuo sito di commercio elettronico.

Innanzi tutto, cos'**è l'usabilità?**L'usabilità determina quanto una cosa è semplice da utilizzare, quanto quella stessa cosa è efficiente, quanta probabilità di commettere errori ha, e probabilmente anche quanto è piacevole usarla.

Con il passare del tempo gli utenti sono diventati sempre più esperti e chiaramente la loro pazienza è molto limitata di fronte a siti web poco funzionali e difficili da percorrere, ogni mancanza, ogni problema e ogni errore in un sito e-commerce può causare affari, vendite e conversioni mancate, l'usabilità serve a risolvere tale problema: **aumentare i tuoi affari!**

In questo momento i siti presenti nel web sono oltre 100 milioni, le informazioni presenti ammontano a decine di miliardi di risultati e gli utenti cercano giornalmente una miriade di risposte nei motori di ricerca, a oggi solo il 10% dei siti presenti ha un vero successo, e tra questo 10% solo l'1% usa veramente fattori di usabilità 2.0 nel vero senso della parola.

Questo per noi potrebbe essere una fortuna, anche se le cifre dei siti presenti sono da capogiro, **abbiamo ancora molta speranza di creare oggi siti web** che in poco tempo possono affermarsi su una determinata nicchia di mercato! **Sei fortunato** a leggere tali informazioni, perché con esse puoi davvero creare delle basi per fare la differenza!

SEGRETO n. 1: l'usabilità nei siti e-commerce è un'arma micidiale da utilizzare al meglio per potenziare e sfruttare tutto il potenziale di un sito e-commerce.

Ora, entriamo nel vivo della questione e vediamo come un e-commerce deve essere strutturato per sfruttare al meglio tutte le sue potenzialità!

La visibilità dei prodotti

Ogni sito e-commerce presenta un suo specifico potenziale, questo è determinato in particolar modo dai prodotti presenti e in particolar modo dal posizionamento di tali prodotti nel mercato! **È quasi impossibile stimare il numero delle vendite che si possono perdere** a causa di errori di usabilità. In giro vedo "orrori" d'ogni tipo, ad esempio le informazioni sui prodotti sono insufficienti, confuse o addirittura assenti!

Per vendere online al meglio bisogna dare agli utenti le informazioni necessarie a un acquisto consapevole e sicuro. In questa sezione vedremo gli errori più comuni sulla presentazione dei prodotti e tutte **le strategie migliori per stimolare l'utente all'acquisto.**

Chiaramente in un negozio online non ci sono oggetti fisici da toccare o commessi a cui chiedere informazioni. Pertanto sul web **bisogna colmare queste lacune** in modo da rendere l'ambiente il più confortevole e reale possibile. Comprare online può essere un'esperienza piacevole, i vantaggi sono molti, si ha tutto il tempo che si desidera per cercare un prodotto, si possono confrontare i prezzi, si possono leggere le informazioni con calma e non ci sono venditori "pressanti" che "influenzano" l'acquisto. Purtroppo, come già detto, nel 90% dei casi l'esperienza è poco piacevole. Infatti vi sono una miriade di **siti e-commerce poco pratici e semplici da utilizzare!**

Ci sono persone che arrivano su un sito e-commerce e lo abbandonano dopo cinque secondi, altre che arrivano in una scheda prodotto e l'abbandonano ancor prima di conoscere il prezzo, altre che s'interessano al prodotto e cercano disperatamente più informazioni, senza trovare nulla. **Ma a quali informazioni vorrebbe accedere un utente, in una pagina web di un sito e-commerce, magari in una scheda prodotto?**

- Quanto costa?
- Quali sono le sue caratteristiche?
- Perché devo compralo?
- Ha le funzioni che mi servono?
- Com'è spedito? In quanto tempo?
- Come pago? È un metodo sicuro?
- Perché devo fidarmi di voi?
- Ecc.

Prima dell'inserimento di qualunque prodotto, ancora meglio, prima di strutturare l'anatomia del sito, è necessario creare gli appositi spazi per dare tutte le informazioni possibili all'utente. Poniti tutte le possibili domande sul prodotto e dai ogni possibile risposta.

SEGRETO n. 2: l'utente diventa potenziale cliente nel momento in cui legge le informazioni dei prodotti. Il potenziale cliente si pone delle domande, se non colmi tali domande con risposte esaurienti, rischi di non trasformarlo in un cliente reale!

La visibilità del prezzo

In base a sondaggi sulle abitudini degli utenti, una delle cose primarie che un utente vuole conoscere è il prezzo del prodotto. È indispensabile essere diretti, **il prezzo deve essere sempre ben visibile!** Solo il prezzo trasmette all'utente dei messaggi molto importanti:

- quanto vale il prodotto;
- se il prodotto rientra nella capacità di spesa dell'utente;
- se il prodotto è nella fascia di prezzo cercata.

Far visionare subito il prezzo elimina dubbi come «**il prodotto costa troppo?**» o «**ho sbagliato fascia di prezzo!?**» Il prezzo è indispensabile per paragonare altri prodotti e per comprendere se ci si è avvicinati alla qualità cercata.

Secondo gli utenti il non poter visionare il prezzo incute dubbi e l'azienda può perdere affidabilità. Immagina: vedi un bellissimo prodotto, sei molto interessato all'acquisto, ma il prezzo non c'è! Che fai? Sicuramente t'irriti abbastanza e probabilmente lasci perdere ed abbandoni la pagina.

Il problema del prezzo è che spesso è **presente, ma è poco visibile.** Si dà poca importanza a questo fattore e le conseguenze sono molto dannose. **Al prezzo sono associati anche altri eventuali costi:** spedizione, imballaggio, IVA ecc. Essi fanno parte della spesa generale e pertanto devono essere **molto chiari e visibili,** l'utente non deve ritrovarsi al momento dell'acquisto a **sborsare una cifra maggiore rispetto a quanto sembrava essere il prezzo iniziale.**

Cosa non devi fare per la visibilità di prezzo e costi?

1)   Non mettere il prezzo poco visibile.

2)   Non inserirlo con caratteri troppo piccoli per nasconderlo.

3)   Non far apparire il prezzo su altre pagine d'approfondimento.

4)   Non usare liste di prezzari, il prezzo deve stare accanto al prodotto.

5)   Non mandare gli utenti a richiedere informazioni sul prezzo via e-mail o telefonicamente.

6)   Non inserire prezzi senza IVA.

7)   Non mettere i prezzi di spedizioni non visibili.

Cosa devi fare per la visibilità di prezzi e costi?

1)   Il prezzo deve trovarsi nelle vicinanze del prodotto e chiaramente ben visibile.

2)   Nei pressi del prezzo, se è possibile, inserisci i costi di spedizione.

3)   Tutti gli eventuali costi aggiunti devono essere chiari.

4)   Inserisci i prezzi sempre con l'IVA.

5)   Inserisci prezzi indicativi se non è possibile dare un prezzo stabile.

SEGRETO n. 3: il prezzo è la prima informazione che l'utente cerca. Esso comunica una serie di informazioni indispensabili al momento dell'acquisto. La presenza di un prezzo visibile e chiaro, porta notevoli giovamenti a tutto il business e-commerce.

Le aziende inventano una miriade di scuse per evitare di pubblicare il prezzo: concorrenza, prezzi che cambiano, prezzi differenti a seconda dell'utente ecc. Questo è controproducente e **porta l'ambiente d'acquisto a diventare ostile!**

Le fasi della vendita

Gli utenti diventano clienti nel momento in cui **la fiducia è tale da creare un acquisto.** Il mondo reale è costituito da fantasie, emozioni, simpatie e antipatie; queste emozioni le proviamo, in minor o maggior misura, anche quando navighiamo in una pagina web. Ti è mai capitato di entrare in un sito e di sentirti turbato, ansioso o nervoso? **Tutto dipende da come quel sito è strutturato,** da come vengono presentati i prodotti, dall'armonia dei colori, dalla semplicità d'uso ecc. Nel momento in cui **l'utente** è pronto ad acquistare, conosce il prezzo e sa le caratteristiche principali del prodotto **si chiede se fidarsi o no...**

Nel mio ebook sul SEO *Il Triangolo del Seo* cito i tre passaggi principali redatti da Giacomo Bruno nel suo storico ebook *Fare Soldi Online in 7 giorni.*

I tre magici bottoni della vendita sono:

1)   motivare;

2)   informare;

3)   rassicurare.

La promozione dei prodotti ha come scopo la vendita, Giacomo ha delineato che **motivare, informare e rassicurare l'utente produce grandiosi risultati** in termini di conversioni e vendite finali!

Riporto testualmente gli esempi redatti nel mio ebook *Il Triangolo del Seo* perché li ritengo fatti molti bene.

Motivare: (1) La **motivazione** è una delle fasi che precede la predisposizione della persona all'acquisto. **L'utente deve sentirsi emozionato**, devi riuscire a fargli provare l'ebbrezza che proverebbe avendo quel prodotto. Se ad esempio devo pubblicizzare dei mobili d'arredamento completo per un soggiorno moderno, farei tutto il possibile per fornire quelle descrizioni che portano **la persona a "sperimentare" con l'immaginazione l'uso di tale salotto.**

Alcune indicazioni che potrei usare sono:

- Arredi e incassi eleganti con un'armoniosa fusione tra stile classico e moderno.

- Una vasta scelta di combinazioni di colore a seconda dei tuoi gusti.

- Particolari artistici lavorati a mano per un'esclusività indiscussa.

- Praticità di montaggio e smontaggio impareggiabile.

- Comodità e lusso nella totalità più assoluta.

Come vedi queste frasi creano un impatto emotivo e spingono la persona a sperimentare il prodotto, un altro fatto indispensabile in questo caso è la presenza di molte immagini che rievochino la percezione visiva di tale prodotto.

Informare: (2) Spesso il motivare e l'**informare** vengono mischiati dai Webmaster e questo causa una confusione nell'atto naturale della vendita. L'utente deve prima essere conquistato, poi sarà pronto a ricevere tutte le altre informazioni. Il motivare deve essere breve e mirato mentre **l'informare serve a dare tutte le informazioni possibili su quel prodotto**; quando l'utente visiona il prodotto si pone delle domande, queste domande devono avere nelle pagine le sue risposte! Questo è molto importante.

Ad esempio cosa userei per l'arredamento del soggiorno:

- Farei vedere tutti i colori disponibili.
- Farei comprendere la facilità del montaggio.
- Farei una breve descrizione di alcuni particolari (accompagnati dalle foto).
- Evidenzierei l'uso di materiali ecologici.
- Direi il nome di eventuali stilisti conosciuti.
- Darei informazioni sul trasporto.
- Darei informazioni sui pagamenti.
- Preciserei se ci sono delle altre agevolazioni.

Tutto quello che si può scrivere si scrive, non ti devi preoccupare di dare troppe informazioni, l'importante è che **venga data una**

risposta a tutte le domande del potenziale cliente.

Rassicurare: **(3)** Questo è il passo finale che porta la trasformazione da potenziale cliente a cliente effettivo. I passi precedenti lo hanno emozionato, portato a sperimentare il prodotto e informato di tutte le caratteristiche, ora è pronto all'acquisto solo che è un po' scettico e ha bisogno di essere **rassicurato.**

Puoi rassicurarlo riguardo a tutti modi in cui ti è possibile agevolarlo, ad esempio:

- un'assistenza clienti disponibile;

- eventualmente un numero verde;

- una garanzia 100% soddisfatto o rimborsato;

- garanzia su spedizione e imballo;

- sicurezza di eventuali transazioni di denaro;

- testimonianze di clienti soddisfatti;

- foto e dati dell'azienda facilmente disponibili.

Fatto tutto ciò avrai creato l'ambiente necessario all'acquisto. Se riuscirai a sfruttare al massimo questa risorsa di Web Marketing e ad essa assocerai l'ottimizzazione delle tue pagine, raggiungerai risultati strepitosi!

SEGRETO n. 4: promuovere gli articoli tramite il motivare, l'informare e il rassicurare crea l'ambiente necessario alla vendita. Semplici utenti diventano clienti effettivi!

Come vedi l'utilizzo di questi tre fattori fondamentali per la vendita online è molto vasto; prima di effettuare qualunque tipo di decisione sulla struttura del sito o sulla presentazione di un prodotto è bene che tu imposti il tutto in modo da rendere **semplice e facilmente visibile l'inserimento di questi tre fattori indispensabili alla vendita!**

Immagini e illustrazioni

Uno dei migliori aspetti nella presentazione di un prodotto è la **presenza d'immagini e illustrazioni**, se fatte bene esse possono trasmettere in poco spazio moltissime informazioni! Naturalmente in una pagina web lo spazio è poco per cui le immagini non devono essere sprecate, esse servono a comunicare e **devono trasmettere una porzione di motivazione, informazione e**

rassicurazione!

Quali sono gli errori comuni con le foto dei prodotti?

- le immagini sono poco descrittive;

- le immagini sono di scarsa qualità;

- le immagini sono troppo piccole;

- le immagini non fanno visionare i dettagli importanti;

- le immagini non sono colorate ;

- le immagini si trovano in punti della pagina poco visibili.

Gli errori possibili da compiere sono molti, le migliorie altrettanto! Se ti è possibile dai la possibilità di ingrandire le foto per avere un primo piano dei prodotti. **Più la foto ingrandita è grande meglio è; un ingrandimento che occupa l'intera pagina renderà soddisfatti molti utenti,** naturalmente questo è possibile solo se la foto permette una visione ad alte risoluzioni.

Detto questo, **non voglio ora che le tue pagine presentino immagini enormi,** in realtà le pagine iniziali (presentazione) devono presentare delle foto in miniatura per non occupare troppo spazio e per non rendere troppo pesante la pagina stessa.

SEGRETO n. 5: le immagini trasmettono una porzione di motivazione, informazione e rassicurazione. Ricoprono un ruolo fondamentale nella vendita online.

Articoli di qualità

La qualità dei contenuti è sintomo di professionalità e competenza. Un buon articolo che parli in maniera naturale del prodotto, facendo risaltare vantaggi e funzionalità, è un ottimo metodo pubblicitario per far conoscere i tuoi prodotti. Gli utenti trovano utili gli articoli concisi e informativi, scritti con stile adatto al web.

Di solito i blog sono un ottimo metodo per pubblicizzare i prodotti, scrivendo articoli di qualità non solo si possono ottenere nuovi visitatori dai motori di ricerca, ma porteranno gli utenti a scoprire i vostri prodotti da altre fonti.

In effetti, non sempre gli utenti entrano nel vostro sito dalla homepage, la maggior parte delle volte si ritrovano su pagine secondarie grazie ai risultati delle ricerche sui motori di ricerca.

Citare un prodotto in un articolo e includendovi all'interno un link alla pagina del prodotto garantisce un nuovo flusso di utenti nelle vostre schede prodotto.

SEGRETO n. 6: contenuti di qualità rendono l'ambiente virtuale professionale e sicuro. Motori di ricerca e utenti premiano la qualità con i risultati (posizionamenti e vendite).

RIEPILOGO DEL GIORNO 1:

- SEGRETO n. 1: l'usabilità nei siti e-commerce è un'arma micidiale da utilizzare al meglio per potenziare e sfruttare tutto il potenziale di un sito e-commerce.

- SEGRETO n. 2: l'utente diventa potenziale cliente nel momento in cui legge le informazioni dei prodotti. Il potenziale cliente si pone delle domande, se non colmi tali domande con risposte esaurienti, rischi di non trasformarlo in un cliente reale!

- SEGRETO n. 3: il prezzo è la prima informazione che l'utente cerca. Esso comunica una serie di informazioni indispensabili al momento dell'acquisto. La presenza di un prezzo visibile e chiaro, porta notevoli giovamenti a tutto il business e-commerce.

- SEGRETO n. 4: promuovere gli articoli tramite il motivare, l'informare e il rassicurare crea l'ambiente necessario alla vendita. Semplici utenti diventano clienti effettivi!

- SEGRETO n. 5: le immagini trasmettono una porzione di motivazione, informazione e rassicurazione. Ricoprono un ruolo fondamentale nella vendita online.

- SEGRETO n. 6: contenuti di qualità rendono l'ambiente

virtuale professionale e sicuro. Motori di ricerca e utenti premiano la qualità con i risultati (posizionamenti e vendite).

GIORNO 2:

Il componente SEO per il posizionamento

In uno dei primi capitoli ho accennato una funzionalità per rendere gli URL più semplici e facili da posizionare sui motori di ricerca, vediamo ora nello specifico cosa fare.

URL siti dinamici, un problema da risolvere
Tutti i CMS, incluso Joomla!, **presentano un "problema" con gli indirizzi delle pagine.** Fortunatamente, conoscendo le giuste tecniche, è facile risolvere tale inconveniente!

Joomla! crea degli indirizzi dinamici. Ai motori di ricerca questi indirizzi non piacciono, poiché essi presentano nelle stringhe dell'URL simboli e segni, più precisamente in esse è presente il "?" che è denominato "Query String". Gli Spider ignorano la parte dell'URL successiva al "?".

In maniera più pratica, vediamo di capire come si presenta un

URL dinamico, esso ha al suo interno tali simboli:

?, &, %, +, =, $, cgi-bin, .cgi

Un URL che presenta tali caratteri non verrà mai indicizzato al meglio dai motori e spesso sarà penalizzato. La soluzione è l'uso di tecniche che scrivono nuovamente gli URL trasformandoli da dinamici a statici. Ad esempio:

http://www.sito.it/pagina.asp?var1=a&var2=b

diventa

http://www.sito.it/pagina.html/var1/a/var2/b

In Joomla! otteniamo tale risultato con i mod_rewrite. Il mod_rewrite è indubbiamente la modalità di reindirizzamento "preferita" dai motori. Prima di tutto **guardiamo che cos'è il mod_rewrite** dal punto di vista di un motore di ricerca e perché si dovrebbe usare.

Gli Spider invitati dai motori di ricerca in giro per il web saltano da link a link e raccolgono tutte le informazioni che trovano. La trasmissione delle informazioni avviene bene con URL statici, mentre gli **URL dinamici causano negli spider confusione!**

Per comprendere ancora meglio di cosa sto parlando, vediamo come potrebbe presentarsi la pagina di un sito e-commerce che vende scarpe:

URL generato dinamicamente:

http://www.negozio.it/pagina?prodotto=1&=occh&112

URL statico, modificato dal mod_ Rewrite:

http://www.negozio.it/occhiali-da-sole.html

La pagina del primo esempio sembra non avere nessun tipo di contenuto specifico, bisogna entrarci per capire il contenuto, **questo non solo non piace agli utenti, ma in particolar modo non è per nulla gradito agli Spider,** perché non sanno in primo luogo cosa troveranno al suo interno! Primo passo verso una ottimizzazione SEO delle tue pagine.

SEGRETO n. 7: la trasformazione degli URL dinamici in URL statici è il primo passo verso una ottimizzazione SEO delle tue pagine. Il non compiere tale azione comporta una netta penalizzazione nel posizionamento delle tue pagine sui

motori di ricerca.

I motori di ricerca non indicizzano bene le pagine web che presentano URL dinamici. Utilizzare tecniche di URL-REWRITE porterà notevoli miglioramenti nei posizionamenti e un azzeramento dei rischi di essere penalizzati a causa di URL troppo complicate.

Per ottenere tale risultato nel pannello di controllo dei siti creati dai vari CMS presenti è possibile impostare la funzione di riscrittura degli URL.

Spesso nell'amministrazione di tale pannello è presente una linguetta chiamata SEO che ti permette di rendere operativa tale funzione.

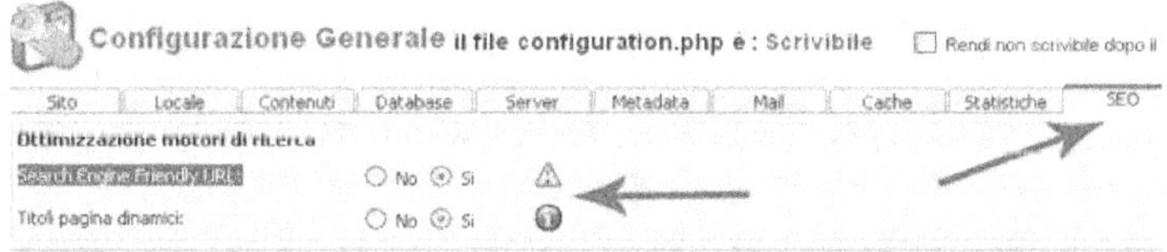

Quando procediamo a impostare Il Search Engine Friendly URL su Sì di solito esce un avviso:

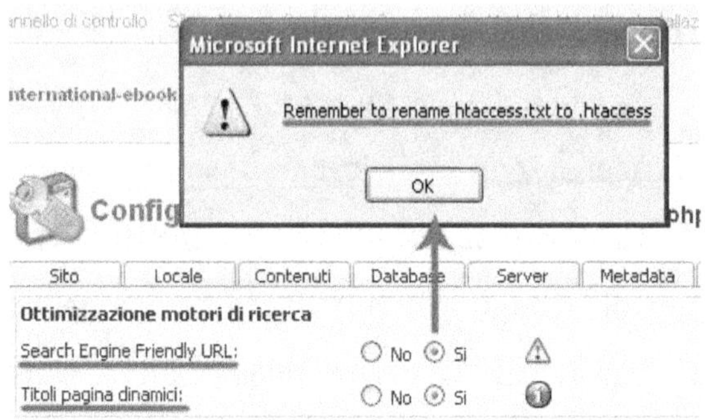

In pratica ci viene richiesto di rinominare il file htaccess.txt in .htaccess. Se andiamo sul server vedremo presente il file htaccess.txt; noi dobbiamo semplicemente rinominarlo in .htaccess. In pratica bisogna aprire il programma (filezilla) usato per il trasferimento dei file di Joomla! e trovare e rinominare il file htaccess.txt :

Facendo tale operazione la funzione di riscrittura degli URL è in funzione, possiamo provare a navigare nel sito, ora **noteremo dei sostanziali cambiamenti.**

Questo file può essere aperto su qualsiasi editor di testo. Per quanto riguarda l'ottimizzazione dei comandi presenti al suo interno bisogna fare riferimento alle guide specifiche di ogni CMS, perché a volte ci sono delle divergenze tra i vari software disponibili. Spesso non serve nessuna modifica.

Operando nel modo descritto si riesce a risolvere il problema delle URL per il 50%. Per risolvere totalmente la questione e ottenere URL pulite e facilmente indicizzabili bisogna utilizzare dei specifici software di riscrittura che s'implementano nei CMS, ogni CMS avrà la sua categoria di software o "componenti", ognuno di essi presenterà diverse funzioni, ma lo scopo finale è modificare l'URL a tuo piacimento. A tal proposito, ora ti presenterò il tuo nuovo componente di riscrittura URL: **sh404sef.**

Lo puoi scaricare gratuitamente dal sito del produttore: http://joomlacode.org/gf/project/sh404sef/frs/, oppure su altri siti che presentano queste estensione. Esistono diversi componenti di URL Rewrite per il CMS Joomla!, questo si è rivelato il più affidabile e oramai lo uso su molti siti web. Ho deciso di utilizzarlo anche nel mio ultimo portale, www.lorenzodesantis.net, in questo sito troverai molti consigli sul e-commerce e in particolare sul SEO!

SEGRETO n. 8: usa un componente di URL Rewrite per automatizzare il lavoro di modifica URL. Tale componente renderà veloce e semplice l'ottimizzazione di molti fattori SEO indispensabili.

Prima di tutto devi installare il componente, una volta scaricato il file, l'installazione è la solita di routine, l'ho spiegata nella lezione in cui parlo dei componenti. Installato il componente, si presenta in questo modo. Questa è la schermata di base, è possibile far apparire tutte le funzionalità del programma cliccando sul link in alto a destra: **«Clicca qui per passare alla visualizzazione estesa (con tutti i parametri disponibili)»**.

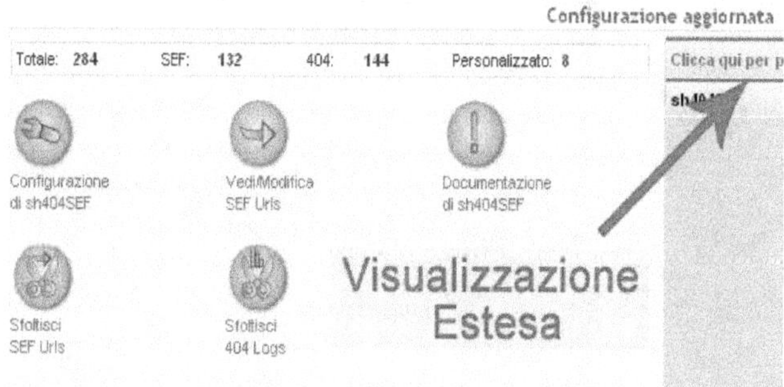

Ecco la visuale di tutte le icone con le relative funzioni, il pannello amministrativo è molto vasto:

Per raggiungere tale pannello amministrativo, una volta installato il componente bisogna richiamarlo dall'usuale menu dei componenti:

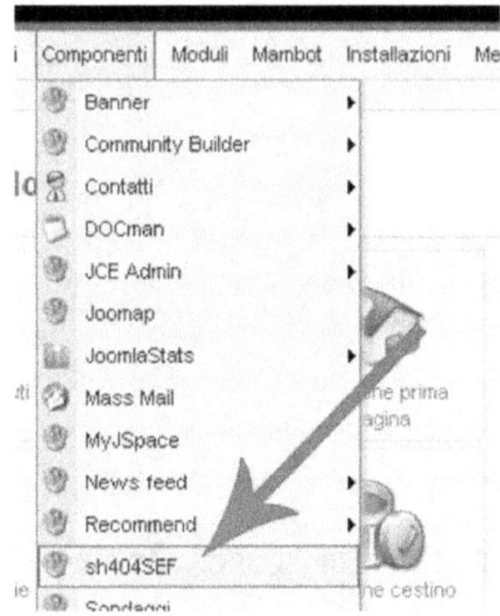

Fatto questo, entriamo nel pannello amministrativo sopra citato e prima di tutto proseguiamo nell'estendere le funzioni. Ora vedremo quali sono le funzionalità più importanti.

Bisogna, in primo luogo, entrare nell'icona **Configurazione di sh404SEF** per rendere operativo il componente e alcune funzioni fondamentali.

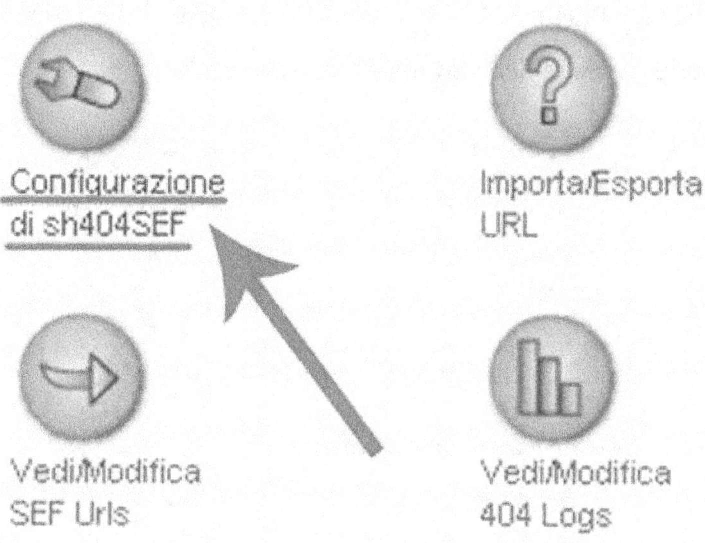

Nella prima voce del menu Principale il componente deve essere attivato, spuntando "Sì".

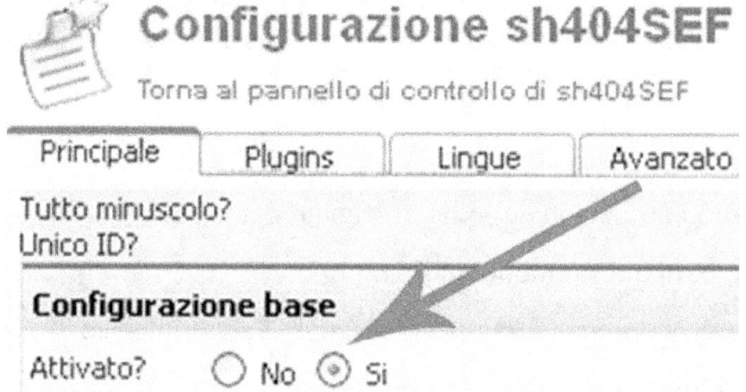

Nell'area Plugins è opportuno decidere che tipo di **"Configurazione dei contenuti"** utilizzare.

In pratica queste funzionalità servono a settare la visualizzazione degli URL. Cliccando sulla "I" ti vengono fornite le informazioni necessarie per comprendere le varie funzioni.

Nel mio sito personale le ho assegnate come vedi nell'immagine. Ottengo, in questo modo, indirizzi tipo:

http://www.lorenzodesantis.net/*Lezioni-Seo*/article-seo-lezioni.html

http://www.lorenzodesantis.net/*Seo*/Posizionamento-su-Google.html

http://www.lorenzodesantis.net/*E-commerce*/Cos-e-l-E-commerce.html

Nelle mie URL è presente il nome della sezione, le puoi vedere evidenziate in BLU, in questo modo, **do rilevanza a quelle keyword in tutti gli articoli** sugli argomenti specifici.

Ora visioniamo la sezione **Meta/SEO.**

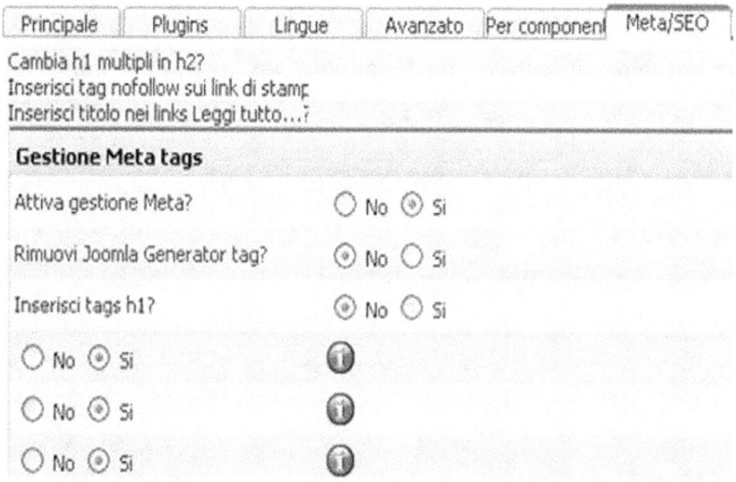

In questa zona del pannello amministrativo è presente un avvertimento molto importante.

ATTENZIONE: per attivare la gestione dei tag di titolo, descrizione, keyword, robots e linguaggio, **devi pubblicare il modulo shCustomTags**, che è stato automaticamente installato insieme a sh404SEF. La **posizione** nella quale pubblicherai questo modulo avrà molta importanza per un corretto funzionamento. Per favore, attieniti alla documentazione propria del modulo, mostrata nei parametri del backend.

Il modulo *shCustomTag* è stato installato automaticamente, ma lo devi rendere operativo, basta andare nel menu amministrativo principale, cliccare su Moduli>Moduli Sito, trova il modulo *shCustomTag* e pubblicalo come ho spiegato nei capitoli precedenti:

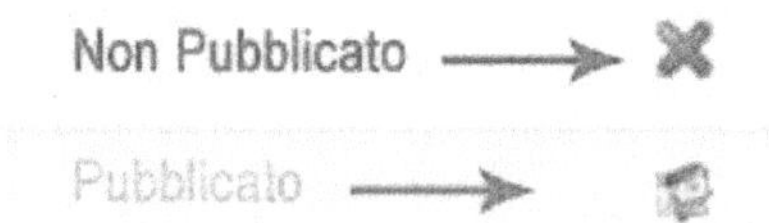

In questo caso devi pubblicarlo, pertanto clicca sopra se è

impostato con l'icona **X (Non Pubblicato)** per renderlo disponibile e funzionante.

Ricorda che devi assegnare una posizione esistente, io lo inserisco nel menu laterale sinistro (left). **Molto importante è** che tu non lo renda visibile:

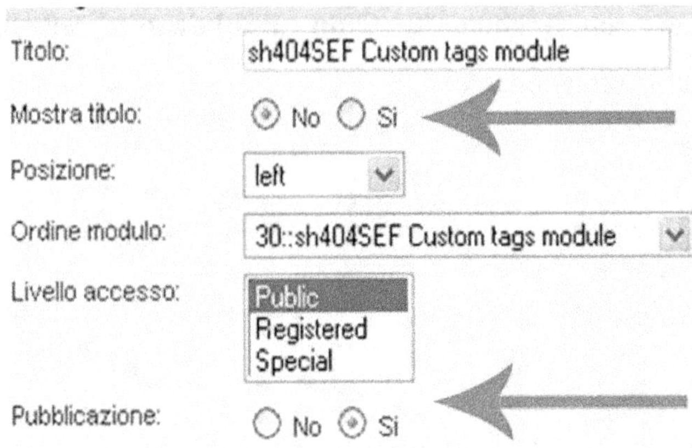

Pubblicazione : SI ------------------------- Mostra titolo : No

Ritornando al menu Meta/SEO ti consiglio di settarli in questo modo:

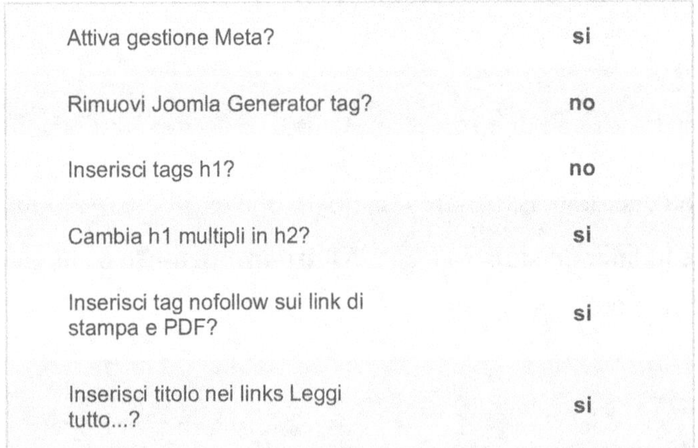

Attiva gestione Meta?	si
Rimuovi Joomla Generator tag?	no
Inserisci tags h1?	no
Cambia h1 multipli in h2?	si
Inserisci tag nofollow sui link di stampa e PDF?	si
Inserisci titolo nei links Leggi tutto...?	si

Questi sono i parametri principali da settare nella **Configurazione Generale,** ora puoi salvare il tutto (icona in alto a destra).

ATTENZIONE: ogni volta che apporti dei cambiamenti con tale strumento, gli URL potrebbero modificarsi se setti dei particolari comandi. Se le tue URL sono già state indicizzate dai motori di ricerca, pondera bene i cambiamenti perché potresti essere penalizzato per un cambio troppo ripetitivo d'URL. Può succedere, nelle fasi iniziali di costruzione del sito, di non essere ancora certi su come impostare il tutto. Una volta decisa la struttura degli URL, **deve PER SEMPRE rimanere la stessa!**

Come già detto, gli URL si generano automaticamente in base ai parametri reimpostati; ma spesso, per ottenere una migliore ottimizzazione bisogna intervenire manualmente per modificare i cosiddetti **Meta Tags.** Per intervenire manualmente su URL e Meta Tags usufruiamo di un'altra funzione molto utile presente nel nostro componente di URL Rewrite. Clicchiamo su questa icona:

Nella nuova schermata sono presenti tutti gli URL modificati dal componente.

#		Viste	Url SEF	
1	☐	0	404.html	index.php?option=com_content&Itemid=1&id=17&lang=it&task=view
2	☐	0	AIUTAMI/	index.php?option=com_recommend&Itemid=36&lang=it
3	☐	18	Blog-Esperti/Adsense/	index.php?option=com_content&Itemid=68&id=46&lang=it&task=blog
4	☐	8	Blog-Esperti/guida-adsense.html	index.php?option=com_content&Itemid=68&id=85&lang=it&task=vie\
5	☐	0	Blog-Esperti/guida-adsense.html	index.php?option=com_content&Itemid=9&id=85&lang=it&task=view
6	☐	20	Blog-Esperti/lorenzo-desantis.html	index.php?option=com_content&Itemid=62&id=69&lang=it&task=vie\

404 SEF URL Manager

Torna al pannello di controllo di sh404SEF

Ora, vediamo come personalizzarli:

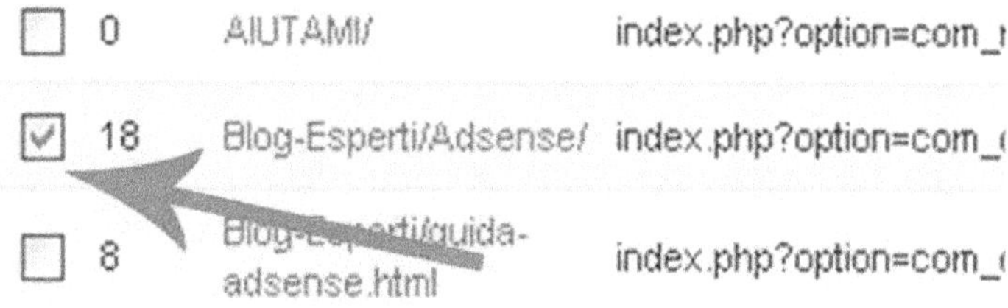

Cerchiamo l'indirizzo che vogliamo ottimizzare al meglio, lo spuntiamo e poi clicchiamo su **Nuovo META:**

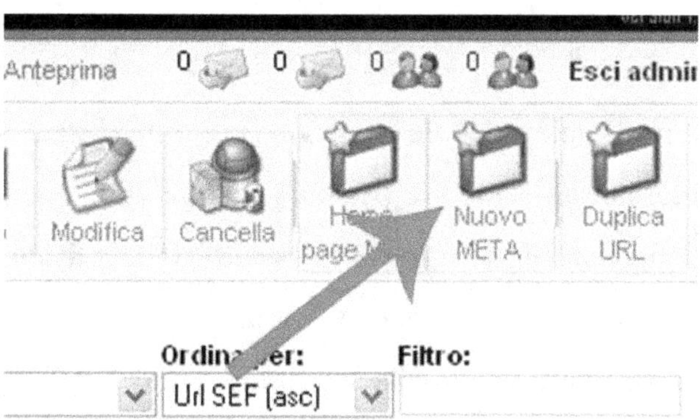

Raggiungiamo così una nuova schermata, nella quale è possibile inserire vari parametri:

- titolo;
- descrizione;
- keyword;
- robots;

- linguaggio.

All'interno di tale modulo possiamo inserire i tag a nostro piacimento, questo serve per personalizzare e ottimizzare meglio la pagina per un migliore posizionamento. **Il tag titolo** è molto importante, per i motori di ricerca è il primo elemento da mettere in risalto, per i particolari della sua ottimizzazione ti rimando alle mie guide gratuite e naturalmente al mio ebook professionale sul SEO: *Il Triangolo del Seo.*

Il tag descrizione è altrettanto importante, non solo perché al suo interno possono essere presenti delle keyword (parole chiave) ma in particolar modo perché, insieme al titolo, è l'elemento chiave per far entrare nuovi utenti nel sito dai risultati dei motori di ricerca.

Il tag keyword serve a dare rilevanza alle parole chiavi più importanti, ad oggi non è molto importante ma se si conoscono le giuste tecniche può risultare molto utile per i posizionamenti.

Il tag robot indica agli spider il comportamento da avere sulle pagine che visitato, inserendo (come faccio io) **INDEX, FOLLOW** lo spider indicizza tutta la pagina e segue tutti i link al suo interno. Usa questo comando!

Il tag linguaggio definisce la lingua della pagina, usa **"IT"**, naturalmente se la pagina è in italiano.

Salva la pagina e visualizza la tua nuova pagina ottimizzata (secondo alcuni tag) al meglio per il posizionamento sui motori di ricerca.

SEGRETO n. 9: il componente sh404sef si è rivelato un valido software in grado di aiutare i processi di ottimizzazione SEO. Per Joomla! è decisamente uno dei migliori programmi di monitoraggio.

Una precisazione

In realtà le impostazioni di base sui parametri SEO, come il titolo, le keyword e la descrizione, possono essere impostate al momento della creazione dell'articolo. Ribadisco nuovamente **che tali fattori sono indispensabili per il posizionamento sui motori di ricerca** e solo nei miei **ebook specialistici sul SEO** potrai trovare le migliori strategie!

All'interno della **creazione contenuti**, nel pannello **Meta Info** è possibile inserire Descrizione e Parole chiave. Il tag titolo sarà il nome del titolo che viene dato al contenuto.

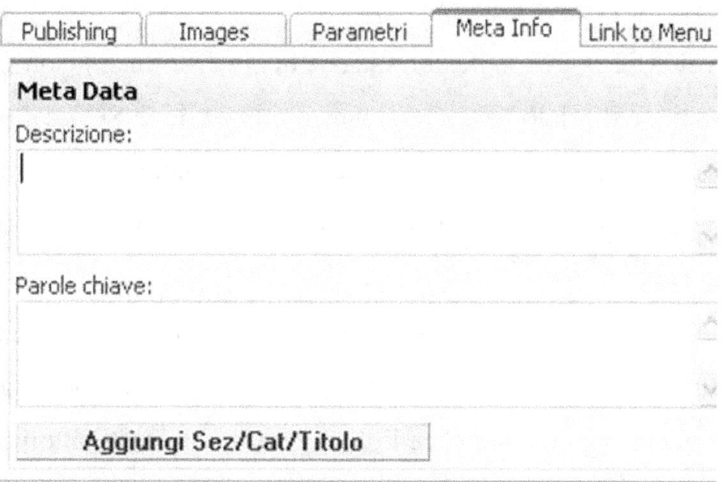

Nel momento in cui modifichi il contenuto di una pagina o di un articolo, tramite l'impostazione del componente per la modifica degli URL (visto sopra), la descrizione e le parole chiave inserite in questo pannello (immagine di sopra) non hanno più valore e vengono soprascritte!

RIEPILOGO DEL GIORNO 2:

- SEGRETO n. 7: la trasformazione degli URL dinamici in URL statici è il primo passo verso una ottimizzazione SEO delle tue pagine. Il non compiere tale azione comporta una netta penalizzazione nel posizionamento delle tue pagine sui motori di ricerca.

- SEGRETO n. 8: usa un componente di URL Rewrite per automatizzare il lavoro di modifica URL. Tale componente renderà veloce e semplice l'ottimizzazione di molti fattori SEO indispensabili.

- SEGRETO n. 9: il componente sh404sef si è rivelato un valido software in grado di aiutare i processi di ottimizzazione SEO. Per Joomla! è decisamente uno dei migliori programmi di monitoraggio.

GIORNO 3:

Avere traffico dai motori di ricerca

Il SEO è un argomento molto vasto. Per fare business online è necessario conoscere molto bene le tecniche SEO. Il 70% degli utenti arriva sui prodotti in vendita **tramite i risultati dei motori di ricerca!**

Puoi fare un sito bellissimo e perfetto sotto tutti gli aspetti dell'usabilità, ma **se non è posizionato sui motori di ricerca** avrai pochi visitatori e naturalmente poche vendite!

In questo capitolo cercherò di trasmetterti quante più informazioni possibili sul SEO, purtroppo un solo capitolo è davvero poco per spiegarti l'argomento, pertanto ti consiglio di leggere il mio report gratuito *Article Seo* scaricabile gratuitamente sul sito della Bruno Editore (Report Article Seo).

Questo report ti darà dei consigli su come posizionare gli articoli sui motori di ricerca. Per avere a disposizione la **più grande risorsa sul SEO nel panorama web italiano** ti consiglio di acquistare il mio ebook _Il Triangolo del Seo_. In esso ci sono ben 320 pagine, più altri report gratuiti su **conoscenza e strumenti pratici per avere migliaia di visitatori e potenziali clienti** nelle tue pagine per i tuoi prodotti!

SEGRETO n. 10: l'uso del SEO in un sito e-commerce è la chiave di volta per il tuo business online. Avere molti visitatori dai motori di ricerca porterà il tuo business online a decollare, al contrario, se non ne avrai otterrai pochi risultati e vendite.

A tutte le persone che mi hanno chiesto di aiutarli a comprendere velocemente i fattori SEO principali rispondo consigliando di leggere un ottimo sondaggio ad alcuni SEO Guru Americani. _Quali sono i fattori che caratterizzano il successo di un sito nei posizionamenti su Google?_

Rispondono alla domanda 37 esperti SEO americani. Per ogni fattore viene dato un valore compreso tra 0 e 5. I risultati del sondaggio sono stati raccolti da Rand Fishkin e li puoi trovare in lingua inglese sul sito http://www.seomoz.org. Ho ritenuto opportuno fare un riassunto e una media di tutto il sondaggio in modo da avere una veloce visuale dei risultati. **Tale sondaggio è disponibile in maniera molto più estesa** nel mio ebook *Il Triangolo del Seo.*

Caratteristiche positive per il posizionamento

A) Posizione della parola chiave

4,9 – Parola chiave nel titolo della pagina

È molto importante inserire la keyword nel *tag title* della pagina, esso acquista maggior rilevanza se rimane invariato nel tempo.

Percentuale d'importanza: 95%.

3,7 - Utilizzare la parola chiave nel corpo del documento è indispensabile per l'ottimizzazione della pagina

I motori di ricerca valutano non solo il numero delle parole chiave presenti nel testo, ma attribuiscono valore anche al testo che le circonda.

Percentuale d'importanza: 75%.

3,4 - Relazione fra il contenuto della pagina e le keyword

È indispensabile e basilare per la catalogazione del sito nei determinati settori presenti nei database dei motori.

Percentuale d'importanza: 65%.

3,0 - Parola chiave nel tag H1

Aiuta il posizionamento. Spesso facendo delle ricerche sui motori escono come risultati le parole presenti nei titoli sotto forma di tag H1.

Percentuale d'importanza: 60%.

2,8 - Parola chiave nel nome della pagina

Valore d'importanza medio, se nell'URL è presente anche la parola chiave ben venga.

Percentuale d'importanza: 55%.

2,8 - Parola chiave nel tag H2,H3,Hx

Anche questi i tag migliorano il posizionamento della parola nelle ricerche. Contribuiscono ad avvalorare la parola chiave stessa.

Percentuale d'importanza: 55%.

2,5 - Parola chiave nel tag alt delle immagini

È segno di professionalità in favore dell'usabilità.

Inoltre si ha la possibilità di essere trovati dagli utenti tramite le ricerche per immagini.

Percentuale d'importanza: 50%.

2,4 - Parola chiave nel tag bold e/o strong

Può essere utile dare rilevanza alle parole con grassetto e corsivo.

Percentuale d'importanza: 45%.

2,1 – Parola chiave nel meta tag description

Si sostiene che non influenzi sul posizionamento, ma che essa serva solo per aumentare il la percentuale di CTR.

Percentuale d'importanza: 35%.

1,2 – Parola chiave nel meta tag keyword

Oramai i motori di ricerca non la prendono più in considerazione visto il miglioramento della qualità delle ricerche per altri fattori.

Percentuale d'importanza: 15%.

B) Caratteristiche della pagina

4,1 – La struttura dei link è organizzata in modo che la pagina principale riceva molti link interni.

È importante che la home page ospiti diversi link interni al sito, sconsiglio di andare oltre ai cento.

Percentuale d'importanza: 85%.

3,5 - Qualità degli outbound link

Questo fattore è basato sull'elemento "qualità dei contenuti" e ciò che "mi inviti a visionare oltre questo testo che già sto visionando", in pratica se la pagina mi spiega nel dettaglio un settore, è importante inserire anche i link delle migliori fonti, ne consegue così più autorità.

Percentuale d'importanza: 75%.

3,4 – Età del documento

Non per forza siamo penalizzati se non abbiamo un sito "dal 1994", esistono i pro e i contro di un documento datato, ad esempio le notizie più recenti hanno maggiore valore.

Percentuale d'importanza: 65%.

3,2 – Quantità di testo indicizzabile dallo spider

Questo indica quanta parte del testo è considerato "chiaro o pulito" e recuperabile con facilità dello spider.

Ad esempio alcuni codici o la tecnologia Flash non creano "testo pulito".

Percentuale d'importanza: 60%.

3,0 – Qualità dei contenuti in misura algoritmica

Qui abbiamo a che fare con la qualità semantica del documento, in pratica quanta logicità è presente nei contenuti.

Percentuale d'importanza: 55%.

2,8 – Contenuti organizzati (secondo schemi prestabiliti)

Sezioni ordinate e suddivise per categorie rendono il contenuto agevole all'utente e appetibile agli spider.

Percentuale d'importanza: 40%.

2,4 – Frequenza di aggiornamento delle pagine

È da valutare il fattore aggiornamento, se la pagina risponde bene alle ricerche perché modificarla? È importante impostare pagine statiche e pagine **che siano spesso aggiornate, in particolare pagine che contengono contenuti informativi.**

Percentuale d'importanza: 35%.

1,9 – Numero di slash (/)presenti nella URL (suddivisione)

Quando visioniamo pagine interne del sito ci ritroviamo in altre pagine minori e ognuna di esse è suddivisa da slash (/), ad esempio www.miodominio.com/guidaseo/motori.html, consiglio di non andare oltre due sezioni e quindi non usare più di due slash (/).

Percentuale d'importanza: 25%.

1,8 – Lessico e struttura grammaticale corretta

In effetti scrivere una o più parole in maniera sbagliata confonde i motori che notando l'anomalia possono penalizzare la pagina.

Percentuale d'importanza: 20%.

1,4 – Codice HTML che segue i canoni del W3C Standard

Gli standard del W3C (Word Wide Web Consortium) di un sito si possono verificare su http://validator.w3.org/, **qui è possibile controllare gli errori del codice presenti nel sito secondo i canoni standard di questo consorzio.**

Percentuale d'importanza: 15%.

C) Caratteristiche del Dominio

4,5 – Popolarità del sito calcolata in base al Link Popularity

È molto importante la presenza in rete del sito, quindi molti link naturalmente creano popolarità e autorevolezza.

Percentuale d'importanza: 90%.

4,0 – Anzianità del sito

Purtroppo qui non si può intervenire, pertanto se il sito è giovane diamoci da fare sugli altri fattori!

Percentuale d'importanza: 80%.

3,9 – Backlink da siti con temi simili

Tempo fa era importante la quantità, e forse sarà ancora importante, ma oggi quello che conta realmente è la qualità del link dato. È molto in connessione con il Link Popularity, però ha più a che fare con link che abbiano temi connessi al tuo sito.

Percentuale d'importanza: 75%.

2,7 – Statistiche: CTR , visite dirette, movimento del sito.

Si crede che Google usi sistemi di rilevamento per rintracciare queste informazioni sul sito, quindi verifica ciò che accade sul sito e se le pagine sono già sfruttate al meglio dagli utenti.

Percentuale d'importanza: 40%.

2,6 –Intervento manuale di autorità sul sito da parte di Google

Alcuni credono che Google possa "agevolare" alcuni siti... Quindi essere raccomandato da Google!

Percentuale d'importanza: 35%.

2,5 – Estensione (.it, .com, .net, .org ecc.)

Chiaramente Google seziona le ricerche a seconda dell'estensione, un .it avrà più rilevanza in Italia, per un sito prettamente italiano è consigliato il .it. Se hai dubbi sulla probabilità che il tuo sito possa raggiungere anche altre nazioni è consigliato il .com o altri che danno più rilievo internazionale.

Percentuale d'importanza: 30%.

2,0 – Numero di ricerche dirette per nome del sito

Google verifica anche quanti utenti cercano il sito direttamente.

Percentuale d'importanza: 20%.

1,4 – Uso dello strumento webmastertool di Google

Credo che sia un ottimo strumento, Google stesso ti dà alcuni consigli analizzando direttamente il sito.

Percentuale d'importanza: 15%.

D)Caratteristiche del Backlink in entrata

4,4 – Le keyword nell'anchor text del link

È importante creare un link con parole chiavi. Ad esempio "per fare soldi online", cliccando su "fare soldi online" vieni mandato sul sito di Bruno Editore. È basilare giocare su tale fattore per dare rilevanza alle parole chiave usate.

Percentuale d'importanza: 90%.

3,6 – Quantità dei backlink

La totalità dei link in entrata al tuo sito è altrettanto importante, a Google sembra che piacciono i webmaster "altruisti".

Percentuale d'importanza: 80%.

3,5 - Qualità dei backlink

Quasi di pari importanza è la qualità dei link che fai risiedere al tuo sito, per essere più sicuri meglio metterne tanti di esclusiva qualità (vedremo come fare più avanti).

Percentuale d'importanza: 75%.

3,1 – Anzianità dei link

Quindi meglio mettere l'attenzione a link che portano a pagine il più storiche possibili.

Percentuale d'importanza: 60%.

3,1 – Testo nelle vicinanze dei backlink

Il giudizio di Google al backlink avviene anche tramite l'analisi del testo che vi è intorno ad esso.

Percentuale d'importanza: 60%.

2,9 – Ammontare di backlink semplici (nome di dominio)

Viene dato anche un certo valore ai backlink che contengano il nome del dominio.

Di solito la home page è la pagina più autorevole e con maggior PageRank di tutto il sito.

Percentuale d'importanza: 55%.

2,5 – PageRank delle pagine linkate

Il PageRank indica che Google ha già fornito un giudizio alla pagina, per Google diventa appetibile incontrare un link che è già premiato con un buon PageRank.

Percentuale d'importanza: 50%.

Abbiamo visto i principali fattori e i valori d'importanza che Google attribuisce a ciascun elemento strutturale di un sito web. Ora visioniamo i **fattori negativi da evitare**.

Caratteristiche negative

3,8 - Tempo di down del server dove risiede il sito

Gli spider sono poco pazienti, se non trovano subito qualcosa saltano da altre parti.

Percentuale d'importanza: 70%.

3,6 – Contenuti duplicati o molto simili ad altri già presenti

Evitiamo di copiare contenuti, Google potrebbe accorgersene e penalizzare la pagina e il sito.

Percentuale d'importanza: 65%.

3,5 – Link in uscita di scarsa qualità o di siti SPAM

Quindi seleziona sempre i link che decidi di inserire nelle tue pagine web e valuta l'autorevolezza del link stesso.

Percentuale d'importanza: 65%.

3,5 – Titoli delle pagine e meta tag duplicati per molte pagine del sito web

È importante ottimizzare ogni singola pagina, mai copiare e incollare codici e meta tag e keyword meccanicamente.

Percentuale d'importanza: 65%.

3,3 – Dare il consenso a campagne di linkfarm

Sii sempre sicuro di dare il tuo link a siti sicuri che non praticano spamming e campagne di raccolta link.

Percentuale d'importanza: 60%.

3,3 – Usare tecniche di spamming

Evita per qualsiasi motivo di usare espedienti strani o di fare esperimenti sul tuo sito, oramai funzionano poco e anche se funzionassero un giorno o l'altro Google se ne accorgerebbe e ti farebbe scontare tutto.

Percentuale d'importanza: 60%.

2,8 – Tempi lenti di risposta del server

Non rientra molto nella nostra sfera di competenza, pero sii certo di acquistare da un hosting affidabile e secondo le tue esigenze.

Percentuale d'importanza: 55%.

2,2 – Ospitare link di siti SPAM

Verifica sempre che link stai ospitando, non lasciarti coinvolgere in scambi link frettolosi, controlla prima la serietà del sito che ospiti.

Percentuale d'importanza: 45%.

2,1 – Scarso movimento di visitatori sul sito

Google si accorge del movimento e delle conversioni del tuo sito. *Percentuale d'importanza: 45%.*

L'argomento SEO è sempre stato molto discusso, le opinioni a volte sono contrastanti e spesso si potrebbe fare confusione su quali mezzi utilizzare per l'ottimizzazione del nostro sito. Questo sondaggio è molto utile poiché con esso è possibile definire dei *dati stabili* da percorrere per ottenere buoni risultati. Ora farò un riepilogo dei fattori principali da sapere a menadito.

Sommario dei fattori principali (Tratti dall'ebook *Il Triangolo del Seo*)

Posizione della parola chiave

Ogni pagina deve essere ottimizzata su una o più parole chiavi, una volta scelta la parola o le parole da utilizzare è molto importante:

- inserire la parola o le parole nel tag title (titolo della pagina);
- utilizzare la parola chiave nel corpo del documento;
- usare la parola chiave nei tag h1, h2 ecc;
- inserire parole chiavi nei tag alt delle immagini;
- usare il grassetto o il corsivo sulle parole chiavi;

- inserire parole chiavi nella descrizione.

SEGRETO n. 11: un uso attento e preciso della parola chiave porta a ottenere una buona percentuale della completa ottimizzazione SEO.

Caratteristiche della pagina

È indispensabile avere in ordine le pagine di un sito per facilitare qualsiasi tipo d'intervento, ma è quasi **vitale** seguire determinati fattori che caratterizzano la struttura della pagina, vediamo quali:

- Inserisci parole chiave nella descrizione.

- La pagina principale deve ospitare molti link interni alle pagine del sito.

- Nelle pagine secondarie alla home devono essere presenti link di qualità, link a tema della pagina e link di domini seri e già ben posizionati.

- Evita di usare codici complessi oltre il puro HTML, ad esempio il codice Flash non è ben indicizzato, usa animazioni in Flash senza esagerare.

- Crea un buon equilibrio tra grafica e semplicità del codice.

- Aggiorna spesso il sito, ma mai le pagine già ben indicizzate, fai una lista delle pagine che hanno già successo e non modificarle, per ora.

- Controlla sempre la correttezza del lessico e della struttura grammaticale, prima di mandare online un nuovo contenuto.

- Cerca di usare nell'URL delle pagine meno sezioni o sottosezioni del sito, se ti è possibile riscrivere le URL, evita di usare troppi slash (/) per separare le categorie.

SEGRETO n. 12: la struttura della pagina web è minuziosamente controllata dagli Spider, pertanto è indispensabile ottimizzarla al meglio rendendola semplice, qualitativa e capiente.

Caratteristiche del dominio

Molti fattori riguardanti il dominio non possono essere influenzati molto, spesso i miglioramenti vengono da sé con il tempo. Le caratteristiche principali sono:

- Un nome di dominio semplice da ricordare che rispecchi in qualche misura l'argomento trattato nel sito.

- Un'estensione (.it, .com ecc.) adatta allo scopo del sito, se si sa che il sito non ha sbocchi internazionali usiamo il .it, per un sito commerciale usiamo il .com, una scelta a seconda dell'esigenza, e spesso attualmente secondo anche la disponibilità dell'estensione.

SEGRETO n. 13: il nome del dominio è la prima scelta cruciale da effettuare. Da solo può produrre un'estrema visibilità.

Caratteristiche dei backlink

È altrettanto importante l'uso corretto dei link in entrata e uscita dal sito; i motori di ricerca premiano i siti che offrono buona conoscenza non solo interna ma anche esterna, nel senso che se il tuo sito trasporta il navigatore in altri siti che Google ritiene di qualità, allo stesso tempo il tuo sito inizierà a essere visto come un sito affidabile.

Vediamo i fattori da osservare nei backlink:

- Un ottimo modo per valorizzare un link è crearlo con all'interno delle parole chiave, ad esempio "una guida al SEO", se volessimo valorizzare la parola "guida" e trasportare l'utente davvero verso una guida al SEO sarebbe ottimo fare in questo modo.

- Cerchiamo di inserire più link possibili di qualità sulle pagine del nostro sito, ogni argomento che trattiamo in una pagina deve avere al suo interno 3, 5, 10 link utili sia interni che esterni al sito.

- È importante ricercare siti che trattano i nostri stessi temi e inserire link di riferimento.

- Più i link che inseriamo nelle nostre pagine provengono da fonti già abbastanza presenti e datate meglio è, quindi link anziani!

- Per dare ulteriore valore al link si deve avvalorarlo con del testo nelle sue vicinanze che citi argomenti il più simili possibili all'argomento trattato nelle pagine del link.

- È utile inserire il link del dominio in forma semplice (www.dominio.it) perché la home page è sempre la pagina di maggior rilievo in un sito è pertanto è un link di valore, specie se è un sito a tema.

SEGRETO n. 14: i backlink hanno la grande responsabilità di

renderti popolare e autorevole. Un uso attento e preciso determina un aumento del valore qualitativo di tutto il sito su cui si sta praticando tale ottimizzazione.

RIEPILOGO DEL GIORNO 3:

- SEGRETO n. 10: l'uso del SEO in un sito e-commerce è la chiave di volta per il tuo business online. Avere molti visitatori dai motori di ricerca porterà il tuo business online a decollare, al contrario, se non ne avrai otterrai pochi risultati e vendite.

- SEGRETO n. 11: un uso attento e preciso della parola chiave porta a ottenere una buona percentuale della completa ottimizzazione SEO.

- SEGRETO n. 12: la struttura della pagina web è minuziosamente controllata dagli Spider, pertanto è indispensabile ottimizzarla al meglio rendendola semplice, qualitativa e capiente.

- SEGRETO n. 13: il nome del dominio è la prima scelta cruciale da effettuare. Da solo può produrre un'estrema visibilità.

- SEGRETO n. 14: i backlink hanno la grande responsabilità di renderti popolare e autorevole. Un uso attento e preciso determina un aumento del valore qualitativo di tutto il sito su cui si sta praticando tale ottimizzazione.

GIORNO 4:

Analizzare il successo dei siti web

I migliori webmaster hanno un'ottima padronanza con il Web analytics, in pratica il monitoraggio e controllo di tutto **ciò che accade in un sito web tramite le statistiche.** È molto, molto difficile che un sito messo online da poco sfrutti tutto il suo potenziale, a dire la verità forse solo il 5% dei siti presenti nel web sfrutta davvero tutte le risorse disponibili al 100%. Questo succede perché sono veramente **poche le persone che si dedicano allo studio del Web Analytics.** In questa lezione cercherò di fornirti le fondamenta e gli strumenti necessari per iniziare a comprendere e usare al meglio la Web Analytics.

Quasi ogni sito web ha al suo interno errori e potenziale inespresso, solo tramite tali strumenti d'analisi **è possibile individuare il problema è risolverlo prontamente!**

Usare un buon servizio d'analisi aiuta considerevolmente ogni webmaster nella **fase di post-ottimizzazione del sito.** Il Web analytics può essere utilizzato solo dopo aver terminato tutta la struttura di base di un sito, e solo dopo che esso è totalmente funzionante. Questo perché l'analisi deve essere eseguita sugli elementi già presenti, e c'è bisogno di un tempo medio/lungo per racimolare dati attendibili su cui lavorare.

A volte dei Webmaster mi chiedono perché hanno scarso traffico o scarse conversioni anche se fanno un sacco di lavoro! Io chiedo: **«Usi la Web analitycs?»** Nel 90% dei casi mi rispondono di **no.**

Come si può comprendere perché le conversioni, le vendite e le iscrizioni sono basse, se non possediamo degli **strumenti di analisi che ci fanno comprendere perché sono basse? Il nostro scopo è "trasportare l'utente"** su determinate pagine e "spingerlo" a compiere determinate azioni. Questo sta succedendo come noi vogliamo che succeda?

Io sono un SEO Specialist e la fortuna non mi piace, bisogna essere schematici, porsi degli obiettivi e analizzare dati reali con cui operare. In questo caso, davanti a tali problematiche abbiamo la possibilità di individuare cosa, come e perché le cose non funzionano come dovrebbero. Questo lo facciamo tramite il Web analytics.

SEGRETO n. 15: l'uso del Web analytics porta l'ottimizzazione già effettuata a perfezionarsi. Esso aiuta a potenziare il sito in termini di conversioni, vendite ed iscrizioni.

Nel vasto panorama del web sono presenti molti software di analisi, io su piattaforma Joomla! uso due di essi, **sono completamente gratuiti ma allo stesso tempo molto potenti!** Per quanto riguarda Joomla! uso un semplice componente che mi trasmette velocemente molte informazioni importanti, è un componente di statistiche e si chiama *JoomlaStats.*

Allo stesso tempo, per avere un migliore monitoraggio, utilizzo uno dei **software di analisi più completi attualmente esistenti:** *Google Analytics.* Non solo è totalmente gratuito, ma presenta anche molte funzionalità spinte. Di certo questo software è utile sia per chi è alle prime armi, sia per chi ha già esperienza nel settore del Web analytics. Così il Motore Google lo presenta: «Google Analytics offre una vasta gamma di funzioni e vantaggi interessanti per chiunque, dai senior executive e professionisti del settore pubblicitario e di marketing, ai proprietari di siti e sviluppatori di contenuti».

Google Analytics è molto vasto e in questa lezione, per mancanza di spazio, ti spiegherò solo come installarlo, ho intenzioni di **creare un Report gratuito che spieghi tutte le sue funzionalità**, appena sarà pronto e già tuo! Magari, mentre leggi questo ebook, è già possibile scaricarlo gratuitamente...

Usiamo JoomlaStats

Innanzi tutto procuriamoci il file del componente, lo trovi completamente tradotto in italiano qui:

http://download.joomla.it/index.php?option=com_docman&task=doc_details&gid=386&&Itemid=2

Installa il componente con la solita procedura di routine e ricorda d'installare anche il modulo che preleverà i dati dal sito, lo puoi scaricare da qui:

http://joomlacode.org/gf/project/joomlastats/frs/?action=FrsRelea seBrowse&frs_package_id=417

Come succede per ogni modulo, devi entrare nel pannello dei moduli e **"pubblicarlo"**! Dal menu dei componenti si possono visionare le caratteristiche di tale strumento, sono molto dirette e semplici!

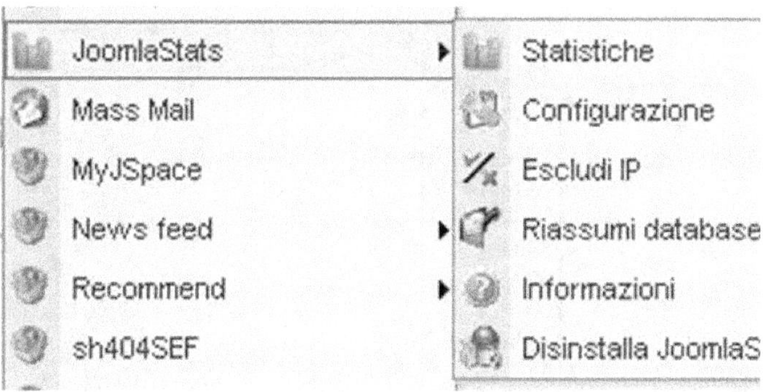

In realtà **JoomlaStats è già operativo fin dall'inizio**, basta solo installare e pubblicare il modulo apposito. La maggior parte dei parametri è impostata per funzionare al meglio, praticamente non bisogna fare nulla, appena installato JoomlaStats **inizia subito a raccogliere le informazioni.**

L'unico parametro che io modifico si trova nell'area "**Configurazione**", in pratica serve per monitorare meglio le visite: «Il numero di ore in cui un visitatore è contato come visitatore unico». Io di solito **lo imposto su "12 Ore"**che è un tempo medio.

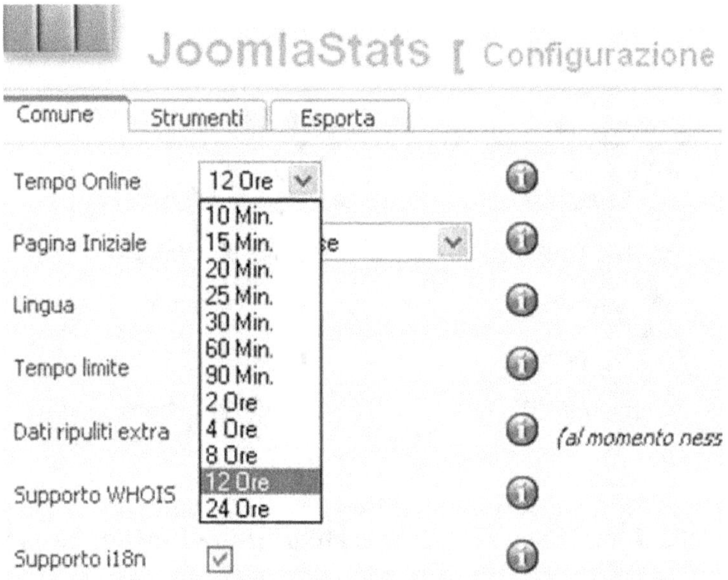

Tutti gli altri parametri possono benissimo rimanere come sono, poiché sono già settati al meglio. In realtà **JoomlaStats è un componente molto semplice** e non ha bisogno di molta "manutenzione". Joomla Stats si divide in **3 principali zone** operative:

(1) La zona dei link operativi: è possibile cliccare su ogni link per verificare le informazioni presenti su ognuno di essi

(2) La zona del calendario: è possibile osservare i risultati tramite un calendario giornaliero, si possono monitorare le statistiche complete dall'inizio, oppure quelle di un giorno, di un determinato mese o anno.

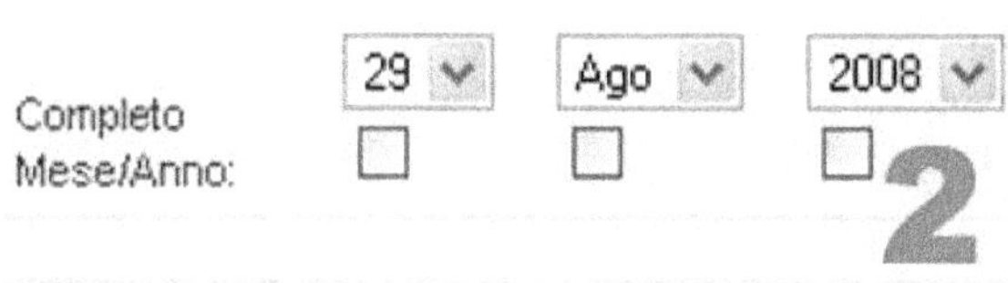

(3) La zona dei risultati: qui sono presenti tutti i risultati interrogati, essi sono catalogati in diversi tipi di categorie ed è molto semplice trovare le informazioni richieste.

Giorno	Visitatori Unici	Numero di Visite
01	23	49
02	19	33
03	26	39
04	21	34
05	24	45
06	50	67
07	42	45

I link operativi più importanti

Tra i vari link che portano a visualizzare informazioni differenti, vi sono alcuni a cui è opportuno prestare attenzione:

(1) referenti;

(2) motori di ricerca;

(3) visitatori.

Vediamo nello specifico a cosa servono queste funzionalità.

(1) Referenti: i referenti indicano le pagine web che ospitano il nostro link e dalle quali riceviamo visite. Questa è una risorsa di monitoraggio molto importante, con la quale riusciamo a comprendere quali sono i siti che ci trasmettono maggior traffico. È molto utile se facciamo uno scambio link con altri siti, oppure se inseriamo i nostri articoli su dei social, o scriviamo articoli altrove. In questo modo capiamo se quello che abbiamo fatto ci porta nuovo traffico oppure se è stata un perdita di tempo.

Conteggio	Percentuale	Dominio Referente
113	29,0%	giacomobruno.it
71	18,4%	guadagnareconclick
69	17,7%	iwebtool.com
16	4,1%	oknotizie.alice.it
15	3,9%	seotribu.com
13	3,3%	segnalo.alice.it
12	3,1%	rendita-online.com
11	2,8%	ziczac.it
10	2,6%	salvasiti.com
9	2,3%	marketing-virale.net

Cliccando sul **"Dominio Referente"** riusciamo anche a individuare le pagine specifiche. Davvero MOLTO UTILE per monitorare il traffico mirato! In questo caso io sto visualizzando le impression ottenute in un mese dal sito giacomobruno.it, l'elenco mi mostra tutte le pagine da cui ho ricevuto visite!

Conteggio	Percentuale	Pagina Referente
25	22,0%	http://www.giacom
23	20,0%	http://www.giacom
12	10,0%	http://www.giacom
9	7,0%	http://www.giacom
6	5,0%	http://www.giacom
6	5,0%	http://www.giacom
5	4,0%	http://www.giacom
4	3,0%	http://www.giacom
3	2,0%	http://www.giacom

(2) **Motori di Ricerca:** questa funzionalità ci permette di visionare le visite ottenute tramite il posizionamento sui motori di ricerca. In questa prima immagine stiamo visionando le visite totali mensili, cliccando su uno dei link possiamo vedere nello specifico le keyword che ci hanno permesso di ottenere traffico. Ogni keyword è affiancata dal numero di visite ottenute tramite ogni specifica keyword.

Conteggio	Percentuale	Motore di Ricerca
2285	99,5%	Google
35	0,5%	Msn

Queste sono alcune keyword con le quali gli utenti hanno raggiunto il mio portale personale:

Conteggio	Percentuale	Frasi di Ricerca
19	11,6%	'lorenzo de santis'
8	4,9%	'la torre di adsense'
5	3,0%	'creare e-commerce ag(
4	2,4%	'cos'Ã¨ e-commerce'
4	2,4%	'paolo console'
4	2,4%	'posizionamento nomi a
4	2,4%	'creare un e commerce'
3	1,8%	'Marco De Carlo'
3	1,8%	'blog di marco de carlo'
3	1,8%	'tools calcola densitÃ p
2	1,2%	'fare un sito ecommerce
2	1,2%	'creare un e-commerce'
2	1,2%	'"Joomla! - Copyright (C)
2	1,2%	'guida seo per google'

Con tali visualizzazioni puoi monitorare le parole chiave delle tue pagine web; puoi controllare i reali posizionamenti di tali keyword e magari puoi anche apportare delle migliorie alle pagine per farle aumentare di posizione.

(3) Visitatori : utile per capire che tipo di utenza hai. È possibile risalire a: Ora – Nome utente – Tld- Nazione – Ip – Ns – Browser. Una delle funzionalità più importanti, che ha molto a che fare con il Web analytics, è la possibilità di controllare le pagine visionate dagli utenti:

Pagine	S/O	Browser
18 Info Percorso	Windows XP	Internet Explore
2 Info Percorso	Windows XP	Internet Explore
1 Info Percorso	Windows XP	Internet Explore
7 Info Percorso	Windows XP	Internet Explore
2 Info Percorso	Windows NT	Internet Explore
9 Info Percorso	Windows XP	Internet Explore
5 Info Percorso	Windows XP	FireFox 2.0.0.1
1 Info Percorso	Windows XP	Internet Explore
14 Info Percorso	Windows XP	FireFox 3.0.1

La visualizzazione dell'"Info Percorso" ci indicherà il comportamento degli utenti e questo ci aiuterà a rispondere a un sacco di quesiti molto importanti: il sito è visitato? C'è qualche pagina che è più visitata delle altre? Gli utenti entrano nelle pagine che desideriamo? Da che pagina escono più spesso?

Perché non comprano? Ecc.

SEGRETO n. 16: l'uso di un componente di analisi come JoomlaStats è indispensabile per avere sotto controllo in maniera semplice e potente le attività di un sito web.

Installiamo Google Analytics

Ora ti indicherò come installare Google Analytics. Purtroppo, come già detto, questo software è MOLTO VASTO e non possono bastare di certo poche pagine per spiegarlo. Conto di fare in seguito un Report esclusivo su Google Analytics. L'iscrizione è molto semplice, l'home page è disponibile qui:

http://www.google.com/analytics/it-IT/

L'unico requisito è possedere un account Google. Se già lo possiedi puoi proseguire l'iscrizione, nel caso tu non lo possieda, puoi creare il tuo account:

https://www.google.com/accounts/.

Dopo l'accesso al servizio, ci sono tre semplici passi da compiere, prima di completare l'iscrizione.

Per prima cosa devi compilare le informazioni di contatto. Inserisci l'URL del tuo sito, la nazionalità e il nome dell'account che userai in Google Analytics:

Google Analytics   *passo n° 1*

Come iniziare

Analytics: registrazione nuovo account

Informazioni generali > Informazioni di contatto > Accetta contratto utente > Aggiungi monitoraggio

Inserisci l'URL del sito che desideri monitorare e assegnagli il nome che dovrebbe comparire nei rapporti di Google desideri monitorare più di un sito web, puoi aggiungerne altri una volta configurato l'account. Ulteriori informazioni.

URL del sito web:	http:// ▾ tuosito.com	(es. www.miositoweb.it)
Nome account:	analisi web	
Paese o zona del fuso orario:	Italia ▾	
Fuso orario:	Fuso orario dell'Europa centrale (GMT+01.00)	

Annulla   Continua »

Nel secondo passo inserisci il tuo nome, cognome, numero, paese:

Google Analytics   *passo n° 2*

Come iniziare

Analytics: registrazione nuovo account

Informazioni generali » Informazioni di contatto » Accetta contratto utente » Aggiungi

Cognome: de santis

Nome: marco

Numero di telefono: 000141411411   (e.g. 123-123-1234)

Paese o zona: Italia

« Indietro   Continua »

L'ultimo passo consiste nell'accettare i termini e le condizioni, una volta fatto cliccando su Crea il tuo account, termini l'iscrizione e sei pronto a utilizzare gli strumenti di analisi.

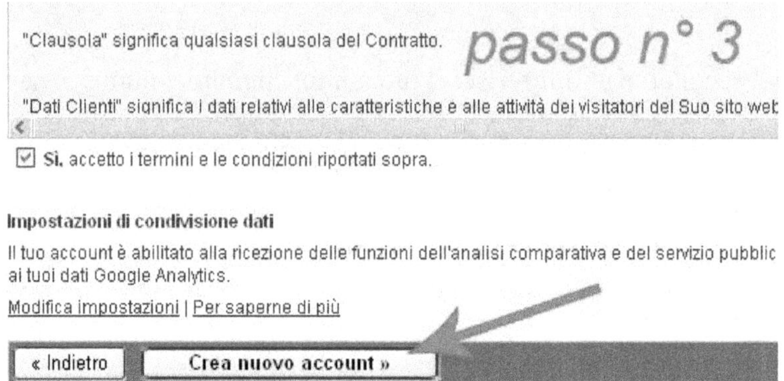

Al termine dell'iscrizione si aprirà una schermata che conterrà un codice che per il corretto funzionamento di Google Analytics deve essere incluso in ogni pagina del sito che decidi di gestire.

Copia e incolla il segmento di codice nella parte inferiore dei tuoi contenuti, immediatamente prima del tag </body> di ogni pagina che desideri monitorare. In genere, consiglio di inserire il codice di monitoraggio di Google Analytics immediatamente prima del tag finale </body> delle tue pagine, per evitare gli eventuali problemi dovuti a **ritardi di caricamento della pagina** per i visitatori con connessioni a bassa velocità.

Codice di monitoraggio legacy (urchin.js)   Nuovo codice di monitoraggio (gs.js)

Copia il seguente blocco di codice in ogni pagina web che vuoi monitorare.
Fai clic nella casella sottostante per selezionare tutto il codice. Copia e incolla il segmento di codice nella parte inferi
contenuti, immediatamente prima del tag </body> di ciascuna pagina che desideri monitorare. Se utilizzi inclusioni c
modelli, inseriscili qui.

Se sul tuo sito è già installato urchin.js, fai riferimento a questo codice di monitoraggio. Tieni presente che urchin.js n
aggiornato e non è compatibile con le nuove funzioni.

```html
<script src="http://www.google-analytics.com/urchin.js" type="text/javascript">
</script>
<script type="text/javascript">
_uacct = "UA-4374318-1";
urchinTracker();
</script>
```

Naturalmente quest'inserimento avviene su semplici siti creati in HTML, per quanto riguarda siti o portali creati in Php, Asp, anche per un tramite CMS come Wordpress consiglio di seguire le linee guida di Google e le risorse di tali CMS. Generalmente Google Analytics aggiorna i rapporti ogni 24 ore.

Ciò significa che possono essere necessarie fino a 24 ore dopo la prima installazione del codice di monitoraggio prima che i dati vengano visualizzati nel tuo account.

Ora hai a disposizione **due fantastici strumenti di analisi,** prendi dimestichezza con essi e inizia ad usare la Web analytics sulle tue pagine! Ricorda che esistono diversi software, ognuno possiede lacune e funzionalità esclusive, è bene usarne più di uno in base ai specifici usi.

SEGRETO n. 17: un webmaster professionista usa più software di analisi per monitorare l'andamento del traffico, delle conversione e degli obiettivi delle campagne. Il Web analitycs è uno dei perni madre per migliorare le conversioni.

RIEPILOGO DEL GIORNO 4:

- SEGRETO n. 15: l'uso del Web analytics porta l'ottimizzazione già effettuata a perfezionarsi. Esso aiuta a potenziare il sito in termini di conversioni, vendite ed iscrizioni.

- SEGRETO n. 16: l'uso di un componente di analisi come JoomlaStats è indispensabile per avere sotto controllo in maniera semplice e potente le attività di un sito web.

- SEGRETO n. 17: un webmaster professionista usa più software di analisi per monitorare l'andamento del traffico, delle conversione e degli obiettivi delle campagne. Il Web analitycs è uno dei perni madre per migliorare le conversioni.

GIORNO 5:

Portare nuovi visitatori sulle tue pagine web

Il traffico web si può generare in molti modi, naturalmente con il SEO ottieni traffico molto mirato, ma esistono altrettanti metodi efficaci per portare nuovi visitatori sulle tue pagine.

Un fattore molto importante, che ha a che fare proprio con il traffico web, è **l'utenza del tuo traffico e le abitudini degli utenti.** Nell'applicazione del Web analytics è posta particolare attenzione su due fattori:

- utenti nuovi e unici assoluti;
- utenti di ritorno.

Tramite Google Analytics si riescono a monitorare questi tipi di parametri per capire se tutto procede come dovrebbe! Come già detto esistono molti modi per generare traffico, ma che tipo di traffico? Un *traffico momentaneo* (utenti nuovi). Con traffico momentaneo voglio sottolineare che gli utenti entrano per la prima volta nel tuo sito (momentaneamente), ma ci ritornano?

Questo è il punto della questione. **Ciò che conta sono gli utenti che ritornano,** che si aggiungono a nuovi utenti, i quali poi ritorneranno e cosi via. Solo in questo modo potrai assicurarti **un business duraturo e sempre più proficuo nel tempo!**

SEGRETO n. 18: il segreto di un business solido e duraturo nel tempo è la capacità di far ritornare gli utenti sul sito. Un ricambio giornaliero di utenti nuovi e di ritorno crea basi stabili future per il tuo business.

I fattori per i quali un utente deve ritornare sono molti, è sicuramente indispensabile seguire tali canoni:

- aggiornare molto spesso i contenuti, pagine o articoli;
- dare la possibilità agli utenti di scaricare prodotti aggiornati;
- creare un ambiente gradevole e amichevole;
- avere un design 2.0 accattivante e poco invasivo;
- usare strumenti interrativi: chat, commenti, sondaggi.

La mailing list

Questi fattori sono più o meno prevedibili e futili, sicuramente **contribuiscono a far ritornare** gli utenti, ma qual è il **fattore numero uno su cui puntare? La mailing list!**

Quali sono i vantaggi di una mailing list?

- Gli utenti iscritti sono potenzialmente sempre interessati al sito o ai prodotti presenti.

- Il traffico del sito può rimanere sempre costante e in continuo riciclo tra nuovi visitatori e visitatori di ritorno.

- Puoi informare i tuo utenti su novità, news e prodotti.

- Puoi generare in qualsiasi momento grosse mole di traffico su prodotti specifici.

In realtà i vantaggi sono proprio tanti! **La mailing list è davvero un'arma micidiale** e ogni buon webmaster deve saper usarla e sfruttarla al massimo!

SEGRETO n. 19: per generare cicli ripetitivi di traffico su pagine prodotti è indispensabile l'uso della mailing list.

Detto questo, cerca di spingere il più possibile i tuoi utenti a iscriversi… A oggi sono stati creati diversi software che gestiscono mailing, di solito vengono usati i cosiddetti **autorisponditori.** Un autorisponditore **(o autoresponder)** automatizza il lavoro d'invio e-mail secondo una tua "tabella di marcia", in pratica tu decidi quando e come inviare una e-mail. Non serve la tua presenza al pc, non serve che tu controlli nulla, lavora 24 ore su 24, 7 giorni su 7!

C'è un parametro in merito molto importante: *gli utenti acquistano dopo essere stati contattati almeno 5/8* volte, proprio per questo gli autorisponditori funzionano alla grande!

SEGRETO n. 20: sul web la tua presenza è indispensabile. Gli autorisponditori ti rendono "sempre presente" e lavorano al tuo posto al fine di "convincere" l'utente a compiere determinate azioni.

Esistono diversi servizi gratuiti di autoresponder, ma purtroppo non sono affidabili al 100%, bisogna evitare assolutamente che migliaia di e-mail recuperate con un duro lavoro improvvisamente spariscano! Pertanto ti consiglio sezioni a pagamento, sicure, che salvaguardino il tuo lavoro. Uno dei migliori autoresponder è http://www.aweber.com, ma puoi anche affidarti a http://www.autorisponditori.it, un servizio italiano decisamente funzionale! I prezzi di tali servizio si aggirano sui 15/20€ mensili, non sono nulla in confronto a ciò che potresti generare con il tuo business e-commerce! Nel caso decidessi di optare per una soluzione gratuita o per lo meno gestita completamente da te, sul sito http://www.scriptsearch.com puoi trovare un sacco di script sugli autorisponditori.

Traffico dai social

Oramai anche in Italia si sta diffondendo sempre più l'uso dei social per diffondere i propri articoli. Io personalmente faccio largo uso di tali siti non solo perché ottengo con essi nuovo traffico ma anche per mie esigenze SEO di posizionamento.

In effetti un **aspetto SEO importante è l'uso dei social** e il trasferimento del PageRank, che è un indice di popolarità usato da Google! A questo punto ti do una breve panoramica sul PageRank, così da completare, almeno in parte, anche un altro aspetto SEO importante.

Da un mio articolo scritto su www.giacomobruno.it:

«Cos'è il PageRank? Il nome deriva dall'unione delle due parole Page e Rank. Rank sta per classifica, quindi classificazione dei siti, page deriva dal nome di chi lo ha progettato, Larry Page (uno dei fondatori di Google).

Ogni sito web presenta un proprio PageRank e questo è facilmente osservabile tramite la toolbar di Google, si presenta con una barretta che è bianca o parzialmente verde, a seconda del valore del PageRank della pagina. Se non la possiedi, puoi scaricarla da qui:

http://www.toolbar.google.com/T3/index

Il PageRank è un valore numerico che Google usa per indicare un **indice di popolarità del sito**; in realtà Google attribuisce tale valore in base a elaborati calcoli sulle pagine web esaminate. È da sottolineare che un PageRank alto non significa che sarai primo su Google, il posizionamento nei motori di ricerca è basato principalmente sull'**uso delle tecniche SEO** e un buon PageRank fornisce solamente una marcia in più a tutta l'ottimizzazione.

Da cosa dipende il PageRank?

Autorevolezza: il PageRank è determinato in base al valore delle altre pagine che sono "intrecciate" tra loro tramite i link, in pratica il link del tuo sito è presente in rete su altri siti e ognuno di essi ha la propria autorevolezza.

Detto in maniera semplice, **più sarà alta l'autorevolezza del sito** (probabilmente anche il PageRank sarà alto), più questo trasferisce parte del suo PageRank alla tua pagina, se questa sarà presente nella pagina esterna autorevole. Se il sito che ha il tuo link ha allo stesso tempo un PageRank alto, di conseguenza anche il tuo PageRank avrà riscontri positivi, quindi **più siti importanti avranno i tuoi link, più il tuo PageRank salirà.**

Popolarità: fattore indiscusso nel calcolo del PageRank è la popolarità del tuo sito o link di una pagina. In pratica quanto è presente la tua pagina nel web? Quanti siti ne parlano? Quanti link sono presenti in rete? **Più sarai presente in rete** più è certo che il tuo PageRank subirà un innalzamento naturale.

Ospiti di qualità: decisamente molto importante è la *qualità dei siti che ospitano il tuo link.* In questo caso per qualità non intendo solamente l'autorevolezza e la popolarità del sito che ti ospita, ma **l'attinenza che tale sito ha con i tuoi contenuti.** Ad esempio se una pagina con alto PageRank parla di automobili e dentro questa pagine è presente il link al tuo blog che tratta recensioni di automobili, il trasferimento del PageRank sarà molto più veloce e capiente di un sito non a tema.

Link interni: un altro fattore da non trascurare è la presenza dei link interni nelle pagine del tuo sito; inserire nelle tue pagine link a pagine web con alto PageRank fa aumentare il trust (fiducia) della tua pagina che a sua volta sarà più gradita da Google. Un altro strumento da sottolineare è *l'uso del feedback-link,* se la tua pagina web presenta un link ricambiato di un'altra pagina web con un buon PageRank, **il valore di tale link è doppio**: in questo modo il trasferimento del PageRang è molto più massiccio!

L'uso dei social bookmarking

Un ottimo metodo per essere subito visibile è l'uso dei social bookmarking. Sono dei siti web che permettono l'inserimento di un articolo, segnalando fonte e link. In pratica puoi prendere un tuo articolo e puoi inserirlo in questi "database". **Il vantaggio dell'uso dei social** non è solo in termini di nuove visite e di posizionamento sui motori, ma anche in termini di **trasferimento PageRank.** In effetti esistono molti social con un PageRank alto, inserendo i tuoi link su di essi potrai ottenere molti benefici in termini di link popularity e PageRank.

Azioni per aumentare popolarità e PageRank

- Scrivi articoli su siti a tema e inserisci i tuoi link.
- Lascia commenti su siti a tema e inserisci i tuoi link, se il sito non è a tema lasci commenti su siti con alto PageRank.
- Sfrutta il feedback-link condividendo nelle tue pagine solo i link di pagine con alto PageRank.
- Inserisci nelle tue pagine sono link a tema.
- Cerca siti a tema con buon PageRank e proponi uno scambio link con il tuo sito.
- Trasferisci il PageRank alto delle tue pagine su altre tue pagine interne importanti, fallo condividendo tra loro i link.
- Individua i social con alto PageRank e inserisci i tuoi articoli.

Questi piccoli passi ti aiuteranno con il tempo a ottenere un buon PageRank e maggiore visibilità; è da tenere conto che Google aggiorna il PageRank circa ogni tre mesi, l'ultimo aggiornamento è avvenuto proprio in questi giorni.

Nel prossimo articolo conto di scrivere un breve report sull'aumento del PageRank e della popolarità tramite i social bookmarking, intanto ecco per te una lista di social con alto PageRank, è da sfruttare per inserire i tuoi articoli. Se non hai un sito e sei un Autore puoi anche inserire gli articoli che scrivi su questo blog, il minimo che puoi ottenere sono decine di visitatori in più».

Questo articolo terminava con una lista di social con alto PageRank; ora ti ripropongo la stessa lista con molte più risorse.

Lista social bookmarking

www.segnalo.alice.it

www.wikio.it

www.oknotizie.com

www.reddit.com

www.socialdust.com

www.diggita.it

http://it.blinklist.com

www.salvasiti.com

www.seotribu.com

www.ziczac.it

www.postenotizie.it

www.social.planet.news.it

www.technotizie.it

www.fai.informazione.it

www.tuttoblog.com

www.melosegno.com

www.tincontro.it

www.ziobudda.net

www.notizieflash.com

www.comunicati.net

www.comunicati-stampa.net

www.hotfrog.it

www.ifatti.com

www.corrieredelweb.it

www.toctoc.it

Lista social bookmarking in inglese

www.digg.com

www.reddit.com

www.slurp.net

www.technorati.com

www.area-press.eu

www.netscape.com

www.stumbleupon.com

www.newsvine.com

www.favorites.live.com

www.furl.net

www.ma.gnolia.com

Per quanto riguarda il PageRank, Google inizierà a lavorarci su e al prossimo aggiornamento forse potrai gustarti una barretta più verde del solito!

Io giornalmente faccio inserire, da un mio collaboratore, tutti i miei articoli su tali risorse; ti assicuro che il traffico che viene generato è strepitoso poiché non solo gli utenti ti conoscono tramite i social, ma i posizionamenti dei tuoi **articoli migliorano decisamente poiché diventano molto più popolari!**

SEGRETO n. 21: la popolarità delle tue risorse nel web fa apparire le tue pagine popolari non solo ai visitatori, ma in particolare ai motori di ricerca; più i link dei tuoi articoli saranno presenti in rete, più aumenterà il posizionamento generale del tuo sito web.

Sfruttare il file sharing

Un altro sistema decisamente molto produttivo per ottenere traffico gratuito è l'uso del file sharing per promuovere prodotti, servizi o direttamente le tue pagine web. Dettagli sul funzionamento li trovi sull'ebook *Guadagnare con eMule e YouTube,* edito dalla Bruno Editore. Ora ti spiegherò i passi fondamentali per sfruttare al meglio il sistema.

Io ottengo ottimi risultati con eMule, da quando lo uso non posso fare a meno di continuare a potenziare le mie risorse. Cosa promuovo su eMule?

- i prodotti di Bruno Editore per il programma d'affiliazione;

- gli articoli dei miei siti web;

- alcuni prodotti di aziende a cui gestisco siti e-commerce;

- report ed ebook gratuiti;

- guide sull'uso dei programmi;

- manuali liberi da copyright;

- ecc.

Con tutte le risorse attualmente a disposizione su eMule, riesco a generare **una mole di traffico pari a quasi 30.000 visite mensili!** Quali sono le azioni fondamentali da compiere?

(1) Crea i prodotti: se devi creare un business online devi avere dei prodotti. Crea le tue pagine di vendita e metti online ciò che desideri vendere. Possono essere ebook o oggetti materiali, come in un sito e-commerce.

(2) Prepara le pagine di vendita: puoi avere decine di prodotti, ma se non li presenti non li venderai mai. Prima di tutto devi avere delle basi statiche, delle pagine web dove promuoverli, il trasportare traffico web avviene in seconda battuta. Ti consiglio di creare delle mono pagine, i cosiddetti mini siti, che convertono molto bene. Se hai un sito e-commerce con cataloghi visuali dei prodotti, va bene lo stesso.

(3) Crea i pacchetti per la diffusione: ogni pagina web può essere racchiusa in un file, il quale può essere distribuito facilmente su eMule e simili. Se hai un ebook che vuoi rendere gratuitamente puoi rendere disponibile il file a chiunque. Io su eMule riesco giornalmente a far scaricare centinaia di miei guide, gli utenti si riversano cosi nelle mie pagine.

(4) Usa le keyword: anche nei programmi di file sharing gli utenti cercano i prodotti tramite delle parole chiave. È indispensabile salvare i file con keyword appropriate. Ricorda inoltre di creare più pacchetti dello stesso file salvato in diversi modi. È da tener conto inoltre, che su eMule e simili i limiti dei caratteri per il salvataggio dei file è molto ampio, pertanto sfrutta lo spazio al meglio.

(5) Controlla i risultati : puoi giornalmente controllare il numero dei scaricamenti, se alcuni file non vengono scaricati conviene apportare delle modifiche al "nome file"; probabilmente devi renderlo più ottimizzato, più visibile, oppure devi usare altre parole chiave.

(6) Sfrutta l'effetto virale: sui programmi di file sharing, quando un utente scarica un file spesso lo tiene nel suo pc e a sua volta lo rende disponibile ad altri utenti.

Con il passare del tempo l'effetto virale cresce a dismisura; visto che oramai un file è molto popolare, io lo elimino dalla mia lista dei file condivisi e inserisco nuovi file; ricorda che non puoi saturare i programmi con troppi file, spesso 1000 è il numero massimo, quindi ogni tanto devi fare pulizia e aggiornare le condivisioni"
Con il file sharing puoi veramente ottenere una mole di traffico incredibile! Se i tuoi prodotti sono in lingua italiana i risultati saranno discreti, ma in lingua inglese quasi centuplicano!

Questo succede perché naturalmente le parole inglesi sono cercate in mezzo mondo e per tanto ottieni un traffico MOLTO ALTO. Se hai la possibilità di inserirti nel mercato americano, con prodotti in lingua inglese, FALLO, non c'è modo migliore per aumentare la tua visibilità!

SEGRETO n. 22: un uso attento del file sharing genera nel tempo, tramite il sistema virale, una mole di traffico costante sulle tue risorse. Ogni buon webmaster dovrebbe sfruttare ORA questa risorsa prima che con il tempo inizi a diventare meno efficace.

RIEPILOGO DEL GIORNO 5:

- SEGRETO n. 18: il segreto di un business solido e duraturo nel tempo è la capacità di far ritornare gli utenti sul sito. Un ricambio giornaliero di utenti nuovi e di ritorno crea basi stabili future per il tuo business.

- SEGRETO n. 19: per generare cicli ripetitivi di traffico su pagine prodotti è indispensabile l'uso della mailing list.

- SEGRETO n. 20: sul web la tua presenza è indispensabile. Gli autorisponditori ti rendono "sempre presente" e lavorano al tuo posto al fine di "convincere" l'utente a compiere determinate azioni.

- SEGRETO n. 21: la popolarità delle tue risorse nel web fa apparire le tue pagine popolari non solo ai visitatori, ma in particolare ai motori di ricerca; più i link dei tuoi articoli saranno presenti in rete, più aumenterà il posizionamento generale del tuo sito web.

- SEGRETO n. 22: un uso attento del file sharing genera nel tempo, tramite il sistema virale, una mole di traffico costante sulle tue risorse. Ogni buon webmaster dovrebbe sfruttare ORA questa risorsa prima che con il tempo inizi a diventare meno efficace.

GIORNO 6:

E-commerce e siti web per le aziende

Le scelte imprenditoriali per un avvicinamento al mondo e-commerce sono sempre molto delicate in fase di pre-assestamento.

Le esigenze per ottenere il massimo da un e-commerce operativo possono essere molte (intranet, portali di e-commerce, piattaforme tecnologiche, e-services, soluzioni per la gestione finanziaria e la logistica ecc.), pertanto è indispensabile creare un programma d'avanzamento contenente dei "piani di battaglia" al fine di mandare avanti la pianificazione e tradurla il più possibile in realtà!

Questa lezione è dedicata principalmente a imprenditori e ad aziende che operano già molto bene offline e che sono propensi ad aumentare il proprio business tramite il Web! In realtà una VERA azienda ha bisogno di molte particolari necessità prima di operare al meglio nel mondo dell'e-commerce. Avere un sito e-commerce molto accattivante e usabile è giusto il 30% di tutto il lavoro da fare. Io ho a che fare con aziende e imprenditori di ogni tipo e giornalmente incontro ogni serie di difficoltà che vanno oltre la semplice creazione di un sito e-commerce, pertanto diamo uno sguardo a questi fattori!

SEGRETO n. 23: ogni azienda dedita al commercio offline dovrebbe apportare opportuni cambiamenti organizzativi per inserire la vendita dei propri prodotti online. Non sfruttare il web come fonte di promozione è un clamoroso errore che un imprenditore deve evitare.

L'organizzazione e le scelte imprenditoriali

Uno dei fattori che più preme in fase di pre-elaborazione di un progetto e-commerce è l'integrazione tra il sistema di vendite tradizione (commercio usuale) che esiste in azienda forse da decenni, e il nuovo sistema interattivo (commercio elettronico).

I minori problemi s'incontrano in quelle aziende che si organizzano in modo da gestire esclusivamente il commercio elettronico, tralasciando completamente il commercio tradizionale. Questo naturalmente potrà solamente avvenire in quelle **aziende che creano ex novo la propria iniziativa!**

La problematica principale è l'integrazione fra le due modalità, quella fisica-tradizionale e quella virtuale, aziende presenti nel mercato da molto tempo sono in parte "arrugginite" dalla solita routine commerciale di venditori, distributori, grossisti, negozianti ecc. In effetti più la forza lavoro è grande più incontro difficoltà nell'integrazione di una vera e propria nuova gestione operativa che integri entrambi i business. Spesso purtroppo devo scendere a compromessi a causa di imprenditori che prendono *"rischi calcolati"*, in realtà probabilmente quel "rischio calcolato" **sta facendo sfruttare solo il 10% del reale potenziale!**

Quali sono i punti salienti di un'azienda per affrontare al meglio l'avventura del commercio elettronico? Naturalmente la **corretta integrazione del sistema Tradizionale e Virtuale.** Ma nello specifico cosa faccio per determinare i fattori più importanti?

(1) Verifico la predisposizione: incontro imprenditori scettici e aziende "chiuse" al rinnovamento. Purtroppo non tutti sono propensi a iniziare un business in rete. Chiunque **tu sia** non pensarci troppo, trova un vero esperto, apprendi tu stesso conoscenze in merito e non pensarci due volte: il web è la più grande opportunità del ventesimo secolo, e ti assicuro che bisogna agire ora perché l'opportunità di essere visibile c'è, ma con il passare del tempo diminuisce sempre più. **Io cerco sempre di stimolare gli imprenditori ad agire** e cerco di far comprendere le vere potenzialità di **essere presenti in rete con una certa professionalità.**

In verità esistono modi e modi per iniziare un business online, quando un imprenditore si rende veramente conto delle nuove potenzialità che potrebbe sfruttare non bado molto a spese per attuare una nuova gestione operativa di tutta l'azienda.

Si ha a che fare con il mettere in funzione un processo di riadattamento di tutte le attività interne (Internet) ed esterne (Internet ed Exstranet). La logistica, la produzione, informazioni finanziarie, le forniture e le risorse umane vengono in parte monitorate diversamente e sicuramente uno stravolgimento del genere non è ben accetto da tutti. **Basta solo capire il potenziale e decidere di agire!!**

(2) Verifico il potenziale del settore e dei prodotti da mettere in rete: anche se in Italia l'e-commerce ha una diffusione meno ampia rispetto ad altri paesi europei, vi sono aziende che generano prodotti decisamente competitivi anche a livello internazionale, e purtroppo a volte neanche sono a conoscenza di questo! Di fondamentale importanza è verificare ciò che l'azienda fornisce e la richiesta del mercato; a volte può essere necessario, inizialmente, sfruttare solo una piccola parte dei prodotti oppure tutta la serie disponibile. Per effettuare tali scelte sono necessari studi di settore, sondaggi, test di acquisti e tutto ciò che può generare informazioni utili alla scelta.

SEGRETO n. 24: creare un sito e-commerce con i prodotti sbagliati e con un catalogo confusionale e poco mirato può essere molto controproducente! Bisogna, in primo luogo, testare il mercato e decidere quali prodotti "spingere".

(3) Verifico e controllo il potenziale delle risorse umane

disponibili: le risorse umane sono decisamente il perno principale di ogni iniziativa commerciale. Sono gli uomini a portare avanti i progetti e sono le idee e le esperienze personali a far andare avanti le aziende! Spesso nelle aziende osservo personale mal sfruttato con competenze sicuramente migliori rispetto alle mansioni che devono svolgere. A me interessano persone con **esperienze informatiche o per lo meno passioni per la rete**; pertanto nella pianificazione generale del progetto includo **la ricerca di uno staff competente in materia** e se alcuni elementi vengono a mancare **è indispensabile colmare la lacuna con nuovo personale.**

SEGRETO n. 25: avere a disposizione personale preparato all'avventura online è probabilmente il tassello principale per ottenere un business di successo. Formazione e pratica non devono mai mancare nella routine lavorativa.

(4) Definisco la nuova organizzazione aziendale integrando il web con l'organizzazione tradizionale: avviare un vero business online in un'azienda fortemente "arrugginita" da anni dalla solita routine organizzativa è alquanto difficile. L'intera struttura aziendale **deve subire dei mutamenti con l'avvio nel nuovo negozio virtuale.**

Risorse umane competenti devono appoggiare un'organizzazione aziendale capace di gestire in un nuovo modo i componenti interni (organizzazione, amministrazione, vendita, assistenza, post-vendita ecc.) e quelli esterni (verso i fornitori e verso i clienti). Il messaggio fondamentale che do a ogni imprenditore è: *il fine ultimo è quello di massimizzare i profitti e non quello di vendere indiscriminatamente di più*

Fatta chiarezza su risorse e potenzialità interne è necessaria:

- **Una maggiore conoscenza del proprio mercato effettivo e potenziale,** in modo sapere meglio come e con chi ho e avrò a che fare.

- **Una più completa selezione degli acquisti online** che consenta di trovare nuovi canali di rifornimento al fine di comprare il *meglio al minor prezzo.*

- **Come effettuare le giuste azioni di marketing** per generare interesse riguardo ai prodotti; tenendo sempre conto che e-commerce non significa solo vendere i propri prodotti attraverso internet. Molti utenti, infatti, si rivolgono alla Rete solo per acquisire informazioni su un determinato prodotto che poi, eventualmente, acquisteranno in luoghi reali, in sede o in punti di distribuzione.

- **Il monitoraggio della produzione** in modo da avere a disposizione nuovi prodotti che soddisfino sempre più le richieste della *massa*.

- **La gestione del magazzino** con il quale si possono ottimizzare i costi finanziari dello stoccaggio.

- **Il tipo di amministrazione** con nuovi modelli di pagamento e innovativi sistemi di gestione sempre più automatizzata.

- **L'organizzazione del post-vendita** per rimanere in comunicazione con i proprio clienti, indispensabile per fidelizzare al massimo al fine di aumentare le vendite future e la immagine dell'azienda.

Questi sono i fattori fondamentali sui quali iniziare a operare, naturalmente ogni attività presenta le proprie potenzialità e le proprie lacune; pertanto un esame attento dell'area da gestire è il passo principale per ottenere il meglio da un futuro nuovo business online!

I tre tipi di e-commerce

Esistono diversi tipi di commercio elettronico, ognuno di essi ha propria particolarità. Li possiamo distinguere in:

- Business-to-business (B2B).

- Business-to-consumer (B2C).

- Consumer-to-consumer (C2C).

- 3.3 Consumer-to-business (C2B).

Vediamoli brevemente nello specifico...

Business-to-business

Abbiamo a che fare con transazioni commerciali che trascendono il consumatore finale, **infatti queste avvengono tra aziende! Di solito tali transazioni avvengono offline,** ma il contatto principale naturalmente avviene tramite la rete, in pratica ci si conosce in rete!

Business-to-consumer

È il modo di interagire a livello commerciale, tramite la rete più nota. Riguarda l'acquisto di beni e servizi da parte del consumatore finale. Questo nuovo modo di creare commercio ha permesso ad aziende di tutto il mondo di entrare in contatto con consumatori altrimenti difficilmente raggiungibili, mentre per i consumatori stessi si è aperta la possibilità di avere accesso a una offerta eccezionalmente ampia di prodotti, stando comodamente seduti davanti al proprio computer.

Esempio eclatante di successo in rete è quello di Amazon, una vera e propria libreria virtuale che mette a disposizione oltre 2.000.000 di titoli

Consumer-to-consumer

Entriamo nello stimolante mondo delle aste online. Questi tipi di transazioni stanno diventando sempre più diffuse. eBay è il sito che sta dominando il mercato in questo senso. Compratori e venditori si incontrano per prendere parte a un'asta che può riguardare qualsiasi tipo di prodotto.

Ebay genera un profitto incredibile e questo lo ottiene con le percentuali di vendita degli utenti. Gli utenti fanno quasi tutto da soli ed eBay non deve tenere un inventario, spedire prodotti o trasferire pagamenti.

Consumer-to-business

Non è ancora molto sviluppato rispetto alle altre forme di business viste. In questo caso gli acquirenti fanno delle proposte e stabiliscono il prezzo che sono disposti a pagare, in seconda battuta l'azienda valuta la proposta e viene deciso se accettare o rifiutare l'offerta.

Un esempio è quello del sito Priceline.com, che esordì invitando i suoi clienti a proporre il costo del biglietto aereo che intendevano pagare. Il meccanismo usato da Priceline.com è basato sull'intermediazione, smistando le richieste alle diverse compagnie aree. Visto il successo di tale iniziativa Priceline ora fornisce lo stesso servizio d'intermediazione anche per stanze di albergo e affitti di automobili. Questo tipo di business può avere diverse forme, basta solo fantasticare.

RIEPILOGO DEL GIORNO 6:

- SEGRETO n. 23: ogni azienda dedita al commercio offline dovrebbe apportare opportuni cambiamenti organizzativi per inserire la vendita dei propri prodotti online. Non sfruttare il web come fonte di promozione è un clamoroso errore che un imprenditore deve evitare.

- SEGRETO n. 24: creare un sito e-commerce con i prodotti sbagliati e con un catalogo confusionale e poco mirato può essere molto controproducente! Bisogna, in primo luogo, testare il mercato e decidere quali prodotti "spingere".

- SEGRETO n. 25: avere a disposizione personale preparato all'avventura online è probabilmente il tassello principale per ottenere un business di successo. Formazione e pratica non devono mai mancare nella routine lavorativa.

CONCLUSIONE

Sei arrivato al termine. Spero che tu abbia letto l'ebook soffermandoti su ogni passo e al tempo stesso abbia fatto pratica. Con le informazioni presenti in questo manuale ora sei in grado di creare un sito web completamente da ZERO! Se hai delle difficoltà, ti capisco, non è semplicissimo le prime volte, ma ti assicuro che non troverai un approccio più semplice di quello proposto; del resto, i contenuti sono molto pratici e per renderti facile la comprensione ho inserito oltre 100 immagini descrittive.

In conclusione voglio dirti semplicemente di darti da fare; se hai acquistato questo ebook vuol dire che t'interessa il business online, ti assicuro che questo è il momento migliore per iniziare e probabilmente più passano i giorni, più ci sarà concorrenza e più sarà difficile "entrare" nel mercato. Qualunque cosa tu abbia intenzione di vendere, ora sai come farlo da te, spero di averti dato le indicazioni che speravi. Per qualunque dubbio o aiuto, sono a tua disposizione sul blog di Giacomo Bruno e naturalmente sul mio sito web www.lorenzodesantis.net, nel quale troverai, con il tempo, nuovi idee e consigli per il tuo business online.

Buon business!!

Lorenzo De Santis

AZIONI

- AZIONE n. 1: comprendi cos'è un CMS e a cosa può servirti.

- AZIONE n. 2: inizia a prendere familiarità con Joomla!.

- AZIONE n. 3: predisponiti all'acquisizione dei primi strumenti per avviare il tuo sito.

- AZIONE n. 4: scegli il nome del tuo sito, verifica che sia libero e acquistalo.

- AZIONE n. 5: scegli, SEMPRE, un hosting Linux per Joomla! o CMS simili.

- AZIONE n. 6: impara a usare Joomla! sul tuo pc, in locale.

- AZIONE n. 7: trova il giusto file del database.

- AZIONE n. 8: scarica i file del database in base al tuo sistema.

- AZIONE n. 9: cerca l'icona Xampp e avvia il programma.

- AZIONE n. 10: imposta le funzioni di Xampp per il funzionamento su Running.

- AZIONE n. 11: verifica che il server funzioni digitando

http://localhost.

- AZIONE n. 12: imposta i privilegi d'accesso al database.

- AZIONE n.13: inserisci i file di Joomla! nella cartella hotdocs di Xampp.

- AZIONE n. 14: impara a trasferire Joomla! su server remoto.

- AZIONE n. 15: fai il downloand di FileZilla in base alla versione di Windows che utilizzi.

- AZIONE n. 16: trasferisci i file di Joomla! dentro la cartella httpdocs.

- AZIONE n. 17: fai partire l'installazione digitando:
  - http://localhost/joomla (se lavori in locale);
  - http://www.nomesito.it/joomla (se lavori in remoto).

- AZIONE n. 18: controlla i permessi e cambiali se scritti in rosso.

- AZIONE n. 19: inserisci i dati nel database.

- AZIONE n. 20: scegli il nome del sito e scrivilo nell'apposito form amministrativo.

- AZIONE n. 21: inserisci l'e-mail e scegli la password che userai per entrare nel tuo pannello amministrativo di Joomla!

- AZIONE n. 22: rinomina la cartella Installation di Joomla!
- AZIONE n. 23: visita il tuo nuovo sito cliccando su Vedi Sito.
- AZIONE n. 24: impara a entrare nel pannello amministrativo.
- AZIONE n.25: prendi dimestichezza con le cartelle di Joomla!
- AZIONE n. 26: impara a implementare le estensioni in Joomla!
- AZIONE n.27: comprendi e impara a usare i moduli.
- AZIONE n. 28: trova nuovi componenti e mambot e impara a usarli.
- AZIONE n. 29: inizia a comprendere il componente e-commerce VirtueMart.
- AZIONE n. 30: impara a cancellare i componenti.
- AZIONE n. 31 : impara a gestire i mambot (plug-in).
- AZIONE n. 32: trova il tuo primo template e installalo!
- AZIONE n. 33: seleziona il tuo nuovo template (tema grafico).
- AZIONE n. 34: visiona il tuo nuovo tema grafico.

- AZIONE n. 35: prendi dimestichezza con l'amministrazione di Joomla!

- AZIONE n. 36: impara a usare le icone di salvataggio e uscita dell'amministrazione.

- AZIONE n. 37: inserisci i dati nella Configurazione globale.

- AZIONE n. 38: rinomina il file hatccess e verifica tutte le funzionalità.

- AZIONE n. 39: comprendi come gestire i contenuti.

- AZIONE n. 40: crea la tua prima sezione, categoria e contenuto.

- AZIONE n. 41: crea la tua prima voce di menu.

- AZIONE n. 42: crea la prima sezione del sito.

- AZIONE n. 43: crea la categoria attinente al contenuto.

- AZIONE n. 44: comprendi la differenza tra contenuto dinamico e contenuto statico.

- AZIONE n. 45: visualizza i vari parametri dei contenuti.

- AZIONE n. 46: crea il primo collegamento a un contenuto.

- AZIONE n. 47: comprendi e studia le caratteristiche del componente principale: VirtueMart.

- AZIONE n. 48: prendi dimestichezza con VirtueMart.

- AZIONE n. 49: italianizza VirtueMart.

- AZIONE n. 50: inizia a prendere dimestichezza con l'amministrazione di VirtueMart.

SEGRETI

- SEGRETO n. 1: l'usabilità nei siti e-commerce è un'arma micidiale da utilizzare al meglio per potenziare e sfruttare tutto il potenziale di un sito e-commerce.

- SEGRETO n. 2: l'utente diventa potenziale cliente nel momento in cui legge le informazioni dei prodotti. Il potenziale cliente si pone delle domande, se non colmi tali domande con risposte esaurienti, rischi di non trasformarlo in un cliente reale!

- SEGRETO n. 3: il prezzo è la prima informazione che l'utente cerca. Esso comunica un serie di informazioni indispensabili al momento dell'acquisto. La presenza di un prezzo visibile e chiaro, porta notevoli giovamenti a tutto il business e-commerce.

- SEGRETO n. 4: promuovere gli articoli tramite il motivare, l'informare e il rassicurare crea l'ambiente necessario alla vendita. Semplici utenti diventano clienti effettivi!

- SEGRETO n. 5: le immagini trasmettono una porzione di motivazione, informazione e rassicurazione. Ricoprono un ruolo fondamentale nella vendita online.

- SEGRETO n. 6: contenuti di qualità rendono l'ambiente virtuale professionale e sicuro. Motori di ricerca e utenti premiano la qualità con i risultati (posizionamenti e vendite).

- SEGRETO n. 7: la trasformazione degli URL dinamici in URL statici è il primo passo verso una ottimizzazione SEO delle tue pagine. Il non compiere tale azione comporta una netta penalizzazione nel posizionamento delle tue pagine sui motori di ricerca.

- SEGRETO n. 8: usa un componente di URL Rewrite per automatizzare il lavoro di modifica URL. Tale componente renderà veloce e semplice l'ottimizzazione di molti fattori SEO indispensabili.

- SEGRETO n. 9: il componente sh404sef si è rivelato un valido software in grado di aiutare i processi di ottimizzazione SEO. Per Joomla! è decisamente uno dei migliori programmi di monitoraggio.

- SEGRETO n. 10: l'uso del SEO in un sito e-commerce è la chiave di volta per il tuo business online. Avere molti visitatori dai motori di ricerca porterà il tuo business online a decollare, al contrario, se non ne avrai otterrai pochi risultati e vendite.

- SEGRETO n. 11: un uso attento e preciso della parola chiave porta a ottenere una buona percentuale della completa ottimizzazione SEO.

- SEGRETO n. 12: la struttura della pagina web è minuziosamente controllata dagli Spider, pertanto è indispensabile ottimizzarla al meglio rendendola semplice, qualitativa e capiente.

- SEGRETO n. 13: il nome del dominio è la prima scelta cruciale da effettuare. Da solo può produrre un'estrema visibilità.

- SEGRETO n. 14: i backlink hanno la grande responsabilità di renderti popolare e autorevole. Un uso attento e preciso determina un aumento del valore qualitativo di tutto il sito su cui si sta praticando tale ottimizzazione.

- SEGRETO n. 15: l'uso del Web analytics porta l'ottimizzazione già effettuata a perfezionarsi. Esso aiuta a potenziare il sito in termini di conversioni, vendite ed iscrizioni.

- SEGRETO n. 16: l'uso di un componente di analisi come

JoomlaStats è indispensabile per avere sotto controllo in maniera semplice e potente le attività di un sito web.

- SEGRETO n. 17: un webmaster professionista usa più software di analisi per monitorare l'andamento del traffico, delle conversione e degli obiettivi delle campagne. Il Web analitycs è uno dei perni madre per migliorare le conversioni.

- SEGRETO n. 18: il segreto di un business solido e duraturo nel tempo è la capacità di far ritornare gli utenti sul sito. Un ricambio giornaliero di utenti nuovi e di ritorno crea basi stabili future per il tuo business.

- SEGRETO n. 19: per generare cicli ripetitivi di traffico su pagine prodotti è indispensabile l'uso della mailing list.

- SEGRETO n. 20: sul web la tua presenza è indispensabile. Gli autorisponditori ti rendono "sempre presente" e lavorano al tuo posto al fine di "convincere" l'utente a compiere determinate azioni.

- SEGRETO n. 21: la popolarità delle tue risorse nel web fa apparire le tue pagine popolari non solo ai visitatori, ma in particolare ai motori di ricerca; più i link dei tuoi articoli saranno presenti in rete, più aumenterà il posizionamento generale del tuo sito web.

- SEGRETO n. 22: un uso attento del file sharing genera nel tempo, tramite il sistema virale, una mole di traffico costante sulle tue risorse. Ogni buon webmaster dovrebbe sfruttare ORA questa risorsa prima che con il tempo inizi a diventare meno efficace.

- SEGRETO n. 23: ogni azienda dedita al commercio offline dovrebbe apportare opportuni cambiamenti organizzativi per inserire la vendita dei propri prodotti online. Non sfruttare il web come fonte di promozione è un clamoroso errore che un imprenditore deve evitare.

- SEGRETO n. 24: creare un sito e-commerce con i prodotti sbagliati e con un catalogo confusionale e poco mirato può essere molto controproducente! Bisogna, in primo luogo, testare il mercato e decidere quali prodotti "spingere".

- SEGRETO n. 25: avere a disposizione personale preparato all'avventura online è probabilmente il tassello principale per ottenere un business di successo. Formazione e pratica non devono mai mancare nella routine lavorativa.